科　学　哲　学

56-1

日本科学哲学会

2023

PHILOSOPHY OF SCIENCE

Journal of the Philosophy of Science Society, Japan

Vol.56   No.1

President
Tetsuji Iseda

Editor-in-Chief
Tatsuya Kashiwabata

2023

科学哲学 56-1（2023）

自由応募論文

フロイトの精神分析から考察される
ヴィトゲンシュタインの治療的哲学

林　晃紀

Abstract

The later Wittgenstein's philosophy is often characterized as *therapeutic*. According to the idea of therapeutic philosophy, Wittgenstein never intends to propound a theory of philosophy; rather he attempts to show us that philosophical problems are merely pseudo-problems generated by philosophical confusions.

The aim of this paper is to clarify what Wittgenstein's therapeutic philosophy is. In order to do so, I shall investigate the methodological similarities between Wittgenstein and Freud. I attempt to show that the analysis of Freud's method of psychoanalysis gives us various insights on what Wittgenstein's therapeutic philosophy is.

1.　導入

『哲学的探究』（以下『探究』）を中心とした後期ヴィトゲンシュタインの哲学は，しばしば「治療的」であると特徴づけられる[1]．治療的に解釈するなら，彼の意図は，哲学的問題に対して，体系的理論を構築することで解決を目指すのではなく，その問題が，実際には問題とする必要のない疑似問題であると示すことで，問題の解消や消滅をねらっているのだとする．ヴィトゲンシュタインの哲学は，いわば，われわれが罹患している哲学という病を治療しようとしていると解釈される．治療的哲学という考えは，「理論を提示しない哲学」という哲学観を含意している．なぜなら，もし治療的哲学が，何らかの理論的見解を提示することを意図するなら，それはもはや治療的哲学ではなく，通常の学術的哲学と何ら実質が異ならない形式の哲学になるからである．現在，多くの研究者が，後期ヴィトゲンシュタインの哲学が治療

2021 年 6 月 23 日投稿，2021 年 10 月 6 日再投稿，2022 年 7 月 20 日再々投稿，
2022 年 11 月 17 日 4 回目投稿，2023 年 2 月 21 日 5 回目投稿，2023 年 6 月 20 日審査終了

的であるということに同意する[2]．一方で，治療的哲学とは一体どのような
ものであるのかということに関しては，研究者の間で一致した見解があるわ
けでない[3]．

　本稿の目的は，ヴィトゲンシュタインの治療的哲学に関する方法論的特徴
を明らかにすることである．まず，ヴィトゲンシュタインは，なぜ「理論」
でなく「治療」が必要であると考えたのか―つまり，治療的哲学における問
題設定の特徴を明らかにする必要がある．次に，彼がそのような問題設定に
対して，どのような方法論を用いたのかを考察することである．

　本稿において上述の目的を達成するため，フロイトの精神分析の方法論と
の比較を試みる．これまでも多くの研究者が，フロイトとヴィトゲンシュタ
インの様々な関係を指摘してきた[4]．しかし，これまでの研究では，この関
係を治療的哲学の観点から考察してこなかったために，二つの方法論的類似
性が明確にならなかった．本稿が目指すのは，フロイトの具体的症例の考察
を通じて，二つの方法論的類似性を明らかにすることによって，ヴィトゲン
シュタインの治療的哲学の特徴とその目的を示すことである[5]．

2．ヴィトゲンシュタインとフロイトの方法論的類似性

　ヴィトゲンシュタインは，フロイトの精神分析をしばしば否定的に語る．
例えば，彼は精神分析を「計り知れないくらい有害 (infinite harm)」[6]である
と言ったり，「胡散臭い (fishy)」[7]と評したりしている．あるいは，フロイト
の分析に対して，「原因」と「理由」を混同していると批判したりもする[8]．
一方で，ヴィトゲンシュタインは，自分自身のことを「フロイトの弟子」
「フロイトの追従者」であると語っていることも知られている (LC p.50)[9]．
ヴィトゲンシュタインは，フロイトの精神分析が問題をはらんでいるもので
あると認めつつも，彼が扱っている「主題」に強い魅力を感じている[10]．
ヴィトゲンシュタインは，フロイトを全面的に否定しているわけでもない
し，全面的に賞賛しているわけでもない．しかし，彼にとってフロイトは，
少なくとも読むに値する理論を展開している人物である (CV p.87)[11]．

　具体的に，ヴィトゲンシュタインの精神分析に対する関心は，次のように
語られている．

　　われわれが，他人が誤っていると証明することができるのは，まさにそ
　　の人が，この表現［そうだ，それがまさに私が言いたかったことだ］
　　が，自分の感情の正しい表現であると，（真に）認める場合のみである．
　　というのは，その表現自体を認めることによって初めて，それが正しい

表現となるからである（精神分析）．（BT p.303）[12]

彼がここで問題としているのは，対話の相手が，いかに自分自身の感情を認めることができるようになるかということ，つまり，自分自身の感情についての自発的同意に関する問題である．それは，他人から説得されたり，強制されたりすることによって認めるものではなく，間違いを犯した人自身が，自らの感情について，進んで認めることができるかという問題である．精神分析において，正しいと認めなくてはならない自分自身の感情が，醜悪なものであったり，嫌悪の対象であったりする場合，その感情を明るみに出すこと—無意識から意識の領域に導き出すこと—には，強い心理的抵抗が伴う．精神分析が問題となるような状況では，自分自身の感情が，無意識で醜悪なものであるがゆえに，自分自身の内にその感情が存在していることについて自発的に同意することが困難である．ヴィトゲンシュタインが関心を持っている精神分析の問題とは，自分自身の無意識の内にある感情を自発的に認めることが困難な状況，そして，そのような状況に自分自身が陥ってしまっていることを真に認めることができないことである．別の言い方をすれば，ヴィトゲンシュタインにとって，精神分析が克服すべき課題とは，いかに自分自身の誤りを自覚できるようになるかという問題である[13]．彼は，間違いを単に指摘されるだけでは，正しい方向に歩みだすことができないような種類の間違い，あるいは，誤りを誤りであると認めたくない状況を問題としている[14]．

　より明確に，ヴィトゲンシュタインは，自覚に関連する自らの哲学的方法論と精神分析の方法論との類似性を次のように言う．

　　われわれの方法は，ある意味，精神分析と類似している．精神分析の表現の仕方を使うなら，無意識の中で働いている比喩は，明確に語られることによって無害なものになる．そして，分析に関するこの比較は，さらに展開できる．（そして，この類比は，決して偶然ではない．）[15]

彼が述べる「決して偶然ではない」方法論的類似は，次の二つの点に集約できる．第一に，ヴィトゲンシュタインと精神分析の方法論は，自分でも気づいていないこと—無意識—が，何らかの作用をわれわれに及ぼすことで，問題が生じるとしている点である．精神分析において，患者は自分でも気づいていない無意識の作用によって，様々な神経症的症状を発現する．それと類比的に，ヴィトゲンシュタインは，哲学においても，自分自身で気づいてい

ない何らかのものが作用することで，哲学的問題が生じていると考えている．つまり，自分自身で気づいていない自己に関すること―われわれが自覚することに失敗している何か―が，哲学的問題を生じさせているとヴィトゲンシュタインは考えている[16]．

　第二に，精神分析において問題を生じさせている無意識の内容が，明確に語られることで克服されるのと類比的に，哲学的問題においても，自分でも気づいていない何かが明確に語られること―何らかの表現を得ること―で自覚されるようになり，問題が克服されるとヴィトゲンシュタインは考えている．精神分析においては，医師と患者の対話によって，今まで気づかれなかった無意識の領域にあるものを語る手段ときっかけを得ること―「何か醜悪なものを明るみにだす」[17]こと―で，患者自身の心の中にある問題の原因が，はっきりと自覚され，取り除かれる．類比的に，哲学的問題に関して，自分自身でも気づいていない心の中で強く作用している何かが，ある表現形式を得ることによって明確に語られ，その結果，それが自覚され，問題が克服されるとヴィトゲンシュタインは考えている．哲学的問題を引き起こしている原因は，自分でも気づいていないこと（精神分析的に語るなら，無意識の領域）が作用しているがゆえに，通常自覚されていない．しかし，いったんそういった問題の原因が，ある表現形式によって明確に語られるなら，哲学的問題は無害なものとなり消滅する．このような意味で，ヴィトゲンシュタインは，「哲学とは，精神分析のようである」と考えている[18]．

　さらに，ヴィトゲンシュタインが語る「哲学の困難」には，精神分析が克服すべき困難との類似点がある．ヴィトゲンシュタインによれば，

> 哲学の困難とは，科学における知的困難ではなく，態度の変更をする困難．意志の抵抗が克服されなくてはならない．
>
> 哲学は放棄することを要求するが，それは，ある種の感情の放棄であって，知性の放棄ではない．そして，おそらくそのことが，多くの人にとって哲学を困難にするのであろう．ある表現を使わないでいることは，困難なことになりうる．それは，ちょうど涙をこらえたり，怒りを爆発させたりすることを抑えるのが困難であることと同じである．（BT p.300）

ヴィトゲンシュタインが述べている「哲学の困難」は，精神分析と次の二つの点で類似している．第一に，精神分析の問題と同様に，哲学の困難の克服

は，知性によってなされるものでないと考えている点である．ヴィトゲンシュタインは，哲学的問題を解決するためには，科学が抱える知的困難とは異なり，感情を放棄することや感情を抑えることが必要であると考えている．このような哲学観は，特異なものである．なぜなら，通常，哲学とは知性の問題であり，感情の問題ではないと考えられるからである．ヴィトゲンシュタインの主張は，論証的議論の展開を否定しているように思えるほど極端なものである．逆説的に聞こえるが，ヴィトゲンシュタインは，哲学が知性活動の産物であるにもかかわらず，知性は知性自身によって，その困難を克服することができないと考えている．彼は何らかの理由で，知性の産物である哲学が，知性以外のものにその問題の克服を委ねなければならない状況を見ている．

　第二に，ヴィトゲンシュタインにとって，「哲学の困難」とは，「態度の変更」に対する意志の抵抗の問題である．ヴィトゲンシュタインは，われわれは何らかの理由から，哲学的問題に対する自分自身の「態度の変更」を，強く感情的に意志を持って拒むと考えている．類比的に，精神分析において患者は，自分自身に関する醜悪な事実について自発的同意を強く拒む．患者が自発的に同意するためには，感情を抑え，意志の抵抗を乗り越え，患者が自ら「態度の変更」をする必要がある．われわれの哲学的問題に対する「態度の変更」なくして，「哲学の困難」は克服されないと考えるのは，精神分析において，患者自身の「態度の変更」なくして，患者が治療されないことと類比的である．

　ヴィトゲンシュタインが考える哲学と精神分析の方法論の類似性をより明確にするため，次の二つの点を具体的に考察する必要がある．第一に，精神分析と類比的な哲学における自覚の問題―無意識から意識への転換―とは，どのようなものなのだろうか．なぜ哲学的問題の消滅には，自覚が必要であると言えるのだろうか．第二に，精神分析の問題と類比的な知性によって克服できない「哲学の困難」とは，具体的にどのようなものなのだろうか．そして，哲学の困難を克服するための「態度の変更」とは，具体的にどのようなものだろうか．あるいは，なぜヴィトゲンシュタインは「態度の変更」とそれに伴う意志の抵抗の克服が，哲学的問題の消滅にとって重要であると考えたのであろうか．このような疑問に答えるために，フロイトの実際の精神分析の症例を手掛かりに考察することが，新たな洞察を与えてくれる．

3. フロイトの精神分析の方法論：「ドラのケース」を手掛かりに

　フロイトが，どのように精神分析の方法論を考え，実行していたかを知る

ためには，彼の具体的な症例に関する考察を取り上げるのが最適である．ここで取り上げる「ドラのケース」は，フロイトの研究者からだけでなく，哲学者からも考察の対象とされてきたものであり，フロイトの方法論や洞察の典型を見るための好例である[19]．

　フロイトによれば，「ドラのケース」で精神分析の対象となっている患者は，ウィーンのブルジョワ家庭に育った十八才の「ドラ」と名づけられた女性である．彼女の家族構成は，両親と一才半上の兄である．ドラの父は，家族の中でも知的で，支配的存在者である．ドラの症状は，彼女の家族と社会を覆う彼女の父の支配的性格を中心に，彼女の幼少期から発現しはじめる．

　一方で，ドラが六歳の頃，彼女の父が結核を患ったため，一家はウィーンから気候のいい小さな町「B」に一時的に引っ越した．ドラの父は，引っ越しに伴い一時的に回復はしたものの，その後行われた手術の経過が思わしくなく，彼には，麻痺や一時的な精神錯乱の症状が現れるようになってしまった．

　ドラは，知的で早熟，魅力的な女性である．ドラは，八才ぐらいから様々な神経症の症状を見せるようになってきた．十二才の頃には，片頭痛，神経性の咳等の症状が見られるようになってきた．フロイトが治療をするようになった十八才の頃には，これらに加えて様々なカタル性の症状が見られるようになっていた．

　ドラの家族は，小さな町Bにいる間，K夫妻と家族ぐるみで親密になった．K夫人は，ドラの父がB町で闘病中に，献身的に看病をした人である．そして，K氏は，いつもドラに対してとても親切であった．K氏は，ドラと散歩に出かけたり，ドラに様々な贈り物をしたりした．一方で，ドラはK夫妻の二人の小さな子供たちをとても可愛がり，母親のように二人の面倒を見た．

　フロイトによれば，ドラの症状が決定的に悪化したきっかけは，ドラがK氏と二人で湖のほとりを散歩しているときに，K氏がドラに対して，性的関係をもちかけたときである．第一次的なドラのK氏に対する反応は，K氏に侮辱されたと感じ，彼を平手打ちにしている．また，別の機会にK氏は，半ば強引にドラにキスをしたこともある．ドラは，K氏のこういった性的意味を持つ行動に対して表面的には嫌悪している一方で，より複雑で混乱した感情を抱いている，とフロイトは分析をしている．

　重要なことは，こういった行為は，ドラにとって強い嫌悪の対象であったと同時に，性的興奮を引き起こす初めての体験であったことである．つまり，K氏との関係において生じたドラの感情は，嫌悪と同時に喜びでもあっ

た．例えば，このような複雑で混乱した感情が，「感覚の置換」という形の症状となって表れるとフロイトは考えている（DC p.185）．キスした際の唇の感触が，ドラの別の身体的部位の不調として現れることが，この「感覚の置換」にあたる．つまり，性的興奮の心的抑圧が，身体の別の部位に起こる不調として発現するとフロイトは分析している．

しかしながら，「ドラのケース」をより複雑にしている根本的な原因は，ドラの問題が，ドラとK氏との性的関係の問題にとどまらない点である．「ドラの世界」—ドラを取り巻く複雑な人間関係—に問題の根本的原因があるとフロイトは考えている．ドラを取り巻く人間関係に関する驚くべき事実とは，ドラの父が，自分の病気療養中にK夫人に看護をしてもらうようになり，同時に，彼女と不倫関係を持つようになったことである．ドラの父は，決まった時間—K氏が仕事で不在の時—にK夫人を訪ねるようになってしまった．このような父に対して，ドラは強く批判的な態度をとっている．ドラの父に対する強い嫌悪と批判的態度の理由は，ドラの父とK夫人との関係に基づいている．

しかしながら，問題なのは，この複雑な人間関係に対するドラの自己理解である．ドラは，K氏が自分の父とK夫人との関係に対して寛容であるということと引き換えに，自分はK氏に差し出されていると自分自身の立場を無意識に理解し，規定してしまっている．K氏がドラに対して性的関係を迫ったとしても，ドラの父は，自分とK夫人との関係を考えれば，K氏に対して何も言えないことは明らかである．ドラは，自分が父とK氏との間で暗黙裡に交換された対象であると，自分自身を無意識に規定してしまっている．それゆえ，ドラは，K氏と関係を持つことを積極的に周囲から期待されていると無意識に思い込んでいる（DC p.193）．ドラが，K夫妻の二人の子供の面倒をよく見たことも，ドラが，自分は父とK氏の間で交換された対象である，という自己理解を持っているならば，納得のゆく行動である．つまり，ドラは，K夫人の代わりに，K氏の二人の子供の母親の役割を担おうとしていると理解できる．

このようなドラの自己理解は，ドラが「ドラの世界」において，どのように自分自身が振舞うべきであるのか，という規範を自分自身に課してしまっていることを含意する．しかし，当然そのような歪んだ規範は，彼女の精神に多大な負担をかけている．ドラの様々な神経症的症状は，「ドラの世界」からの規範を受け止めなくてはならない，というドラの自己理解が関連しているとフロイトは考えている．ドラは，様々な「ドラの世界」の住人—とりわけ，自分の父とK氏—に対して批判的である．しかし，問題が複雑である

のは，ドラ自身も自分自身が非難している人たちによって形成されている世界の住人の一人であることである．ドラの非難は，父やK氏にだけに向かうのではなく，歪んだ世界の形成を助長してしまっているドラ自身にも向かう．ドラは，「ドラの世界」からの規範と，それを非難することから生じる規範の板挟みになり苦悩している．

フロイトは，ドラが「ドラの世界」の様々な住人に対する非難を，自分自身に対する非難—自己非難—として無意識に受け止めてしまっていると考えている（DC p.194ff.）．この自己非難が，ドラに発現している様々な神経症の症状の原因である—つまり，ドラの様々な症状は，彼女の自己非難が，神経症という形態をとって表れているとフロイトは考えている．ドラは自分自身を神経症で苦しめることで，自己非難を自らに実行しているのであり，ドラの神経症とは，ドラの自己非難から生じた自己罰なのである．ドラにとって自己罰こそが，二つの規範の板挟みになっている苦悩に対処する方法であるとフロイトは診断している．

さらに，フロイトは，ドラがK氏に対して本当の愛情を抱いている可能性を指摘している．フロイトは，ドラは自分自身が交換対象として父とK氏の間を行き来しているということに対し嫌悪感を持っている一方，K氏に対して本当に愛情を抱いていて，K夫人の代わりになることを自ら望んでいるという可能性も指摘している．しかし，ここで重要なのは，ドラのK氏に対する愛情が本当のものであったとしても，その感情は，やはりドラにとって，無意識の内の心的抑圧と自己非難の対象となることである．

フロイトのドラに対する精神分析は，さらに様々なドラの心理状態に関する可能性を指摘する．例えば，ドラの症状は，父の関心を自分に向けさせて，父とK夫人を引き離すことを目的として，無意識に発現している可能性を指摘している．つまり，ドラは自分の父に対して，あたかも嫉妬深い妻のように行動している可能性があると指摘している．そして，それは，ドラが無意識に父に恋愛感情（性愛の対象としての恋愛感情）を抱いている可能性があるという意味である．

フロイトの症例報告から言えることは，ドラの病気の原因は，このように恐ろしく複雑であり得るということである．フロイトは，何がドラの症状を引き起こすのに決定的であるのかということを発見しようとするよりは，複雑に入り組んだ原因を様々な可能性としてそのまま提示している[20]．フロイトの診察は，様々な洞察やものの見方を提示しているものの，最終的で決定的なドラの病気の原因を突き止めるには至らずに症例の報告は終わっている．

4. 精神分析から哲学へ

第一に，フロイトの分析から言えることは，ドラが神経症になることには，「病気になる動機」が存在しているということである（DC p.202）．「病気になる動機」とは，「病気になる傾向」や単なる「仮病」という概念からは区別されるべきものである．なぜなら，ドラ自身は，自分自身の病気になる動機に全く気づいていないからである．なぜ自分が病気になろうとしているのかということは，全て無意識の領域に属しているがゆえに，自分自身が，どのような動機のもとに病気になっているのか，ドラ自身も全く自覚していない．したがって，自分が病気になることが，周囲に対してどのような結果をもたらすかということは，ドラの中で全く計算されていない．

病気とは，通常避けるべきものであると考えられる．病気と健康のどちらを選択するかと言われたら，健康であると答えるのが合理的で正常な判断であり，病気を望むのは非合理で異常な判断である．しかしながら，ドラの場合は，病気になることを望むような理由が存在しているのであり，そして，それは決して荒唐無稽な話ではない．つまり，「病気になる動機」とは，適切な精神分析の診断を経ることで明らかになり，合理的に理解可能になる．

フロイトは，「病気になる動機」を一通りに記述することで，突き止めようとはしていない．むしろ，様々な動機の可能性を列挙している．

> 私がここで記述しようとしている現実の世界では，動機の複雑さ—心的活動の蓄積と結合，つまり，重複決定（Überdeterminierung）—こそが，規則である（DC p.220）．

精神分析においては，病気になる動機が複雑多岐であるため，「重複決定」によって，その動機を描き出す必要がある[21]．「病気になる動機」とは，単一の決定的な理由に還元できない．一つ一つは整合性のないランダムな動機に見えたとしても，それが複数寄せ集まることで，ある強力な心的構造物—「ドラの世界」—を生み出し，それが強い力で人を拘束，抑圧してしまう．したがって，治療を試みようとするならば，何か単一の決定的な理由を突き止めようとすることでは成功しない．何か一つのゆがんだ信念，思い込みといったものを取り除けさえすれば，治療の成功が期待できるような単純なものではない．治療の成功のためには，複雑に絡み合った複数の要因を解きほぐし，そのうえで「ドラの世界」全体の解体を目指すことが必要になる．

第二に，フロイトの分析は，非合理に見える「ドラの世界」には，「ドラ

の世界の合理性」が存在していることを示唆している．精神分析を経ない状況では，われわれは「ドラの世界」の存在すら十分に認識できないため，ドラの言動は，単に非合理的にしか見えない．しかし，この「非合理性」は，われわれの観点からの考察の結果である．「ドラの世界」においては，どれほど奇妙なものであったとしても，合理性とそこから生じる規範が存在している．しかも，ドラはそういった合理性や規範を，従うべきこととして自分自身に課している．この意味で，フロイトの精神分析の診断は，「ドラの世界」の構造と，そこで作用する規範性を理解しようとする試みである．そのためには，われわれの視点でなく，「ドラの世界からの視点」を獲得することが必要になり，そして，その視点から「ドラの世界」の構造と規範を理解することが必要になる．なぜなら，「ドラの世界」を理解することが，彼女が病気になった理由を明らかにし，そして，どのように病気の治療をしたらよいかという洞察を得るためには不可欠だからである．

　「ドラのケース」から言えることは，われわれは，自分でも気づかないうちに非合理な世界を作り上げ，自らがその住人になってしまうことがあり得るということである．われわれは自らに課した規範が，非合理な世界観から生じているにもかかわらず，しばしば「そうせねばならない」と自分の行動や思考のあり方を拘束，抑圧してしまうことがある．非合理な世界観から生じる規範を無意識に自らに課すことで，われわれは自らの内に困難を作り上げてしまう．しかも，われわれは，自分自身を拘束し，抑圧している規範の存在に全く気づいていない．われわれは，自分が合理的であると考えていることがどのようなことなのか，その合理性から生じる規範とはどのようなものなのか，必ずしも明示的に知っている―自覚している―わけではない．つまり，われわれは，無自覚のうちに歪んだ「そうせねばならない」を，自らに課してしまっていることがあり得る．

　このような合理性や規範のあり方に関する描像は，プラトン的な世界観と関連している[22]．『国家』において，プラトンは，われわれの姿を洞窟につながれた人として描き出している．洞窟の中の人は，自分が見ているものが真の姿ではなく，その影に過ぎないにもかかわらず，自分が見ているものこそが真実であると信じ込んでいる．洞窟に繋ぎ止められた人間とは，受け止めるべき現実と拒否するべき虚構の区別を見失った姿として，あるいは，苦痛に満ちた現実を見つめることを拒否し，心地のよい虚構に身を任せている姿として描かれている．プラトンが描いた人間像と類比的に，フロイトが描き出している神経症の患者は，現実と幻想との間で苦悩している姿として理解されている．フロイトによれば，

> 神経症の患者は，現実と幻想の間の対立に支配されている．彼らに自らの幻想において最も強く求めるものが，現実において与えられるとしても，彼らは，それでも現実から逃れようとするであろう（DC p.273）．

神経症の患者は，現実と向き合う苦痛よりも幻想の中に身を委ねてしまっている．それはちょうど洞窟から這い出て，本当の太陽を見ると目がつぶれてしまうプラトンが描いた人間像と重なる．プラトンが描き出している人間像とは，真実に向き合う恐怖と苦痛よりも，心地のよい虚構に身を委ねてしまう人間が持つ避けがたく，宿命的な弱さと不完全さである．この点で，フロイトが描き出している人間像は，プラトン的洞窟の描写と類似している．つまり，真実と向き合う苦痛と恐怖に耐えかねて，人間は自らが作り上げた歪な合理性の洞窟に自らを閉じ込め，その中でもがき苦しみ，精神疾患に陥ってしまっている．

　もしフロイトが描き出した精神分析における人間像と，プラトン的洞窟が描写している人間像の類似が真正なものであるなら，両者が抱える課題も類似していると言えないだろうか．つまり，精神分析においても，プラトン的洞窟においても，課題となるのは，どのようにして洞窟—あるいは，「ドラの世界」—に閉じこもっている人を，外の世界に出てくるようにさせることができるであろうか，というものである．この課題を克服するためには，二つの問題を乗り越える必要がある．第一に，意志疎通の問題がある—洞窟の外側からの声は，洞窟に閉じこもっている人にとっては，外側の人が意図したように届かないという問題である．神経症の患者は，しばしば医師が意図したような仕方で医師の声を理解することができない．医師の声は，いったん「ドラの世界」に入ると，その世界の合理性と規範にしたがって，何が意味されているか理解される．それゆえに，医師が意図した意味とは別の意味に理解されてしまうことが起こる．洞窟の外側からの声は，洞窟に入った途端，歪んだ響きをもって洞窟に閉じこもっている人に届くようになる．洞窟の外側の合理性は，洞窟内部では洞窟内部の合理性に従って歪められて理解されてしまう問題が生じる．

　それゆえ，医師が患者の世界の不合理性を直接的に指摘したとしても，患者は決してその言葉を医師が意図したようには受け取れない．例えば，医師がドラに対して，ドラが本当に望んでいるのは，父との性的関係であると直接的に指摘したとしよう．このような場合，想定されるドラの反応は，医師に対して，非常に強く感情的に反発したり，医師の言葉を嘲笑したり，鼻であしらうような態度をとったりすることであろう．ドラは，医師が自分のこ

とを貶めようとしているのではないか，と妄想する可能性すらある．医師の意図や言葉が持つ意味を，直接的に伝達しようとすることは，問題の解決になるどころか，問題を悪化させ，医師と患者の信頼関係を壊してしまう可能性がある．したがって，克服すべき問題とは，どのようにして洞窟の外側から内側にいる人に対して，意志疎通が可能になるかということである．つまり，われわれは，非合理性が生み出した障害を克服して，いかに互いに意志疎通ができるようになれるのかという問題を抱えている．

　第二に，意志の問題とそれに関連する知性の問題がある．フロイトの精神分析に対しては，次のような批判がある．小さな子供ならいざ知らず，成熟した大人なら，精神的な問題は自らの努力で何とかすべきである．つまり，精神疾患は，自らの意志の力で解決すべきであるという批判である．しかし，このような批判に対して，フロイトは，次のように言う．

> 体を麻痺させ，ベッドに寝たきりの女性は，火事が起これば自分の部屋から自分の足で飛び出してくるであろう．甘やかされている妻は，自分の子供が重篤な病気になったり，何かの災害が，自分の家族の周囲を脅かすようなことがあったりすれば，自分の苦しみを忘れてしまうであろうことは正しい．患者のことをこのように話す人は，次の一点を除いて正しい．つまり，意識的であるということと，無意識であるということの心理的区別を見過ごしているということである．…したがって，これは「単なる意志の問題である」と断言したり，患者を励ましたり，罵倒したりすることの全ては役に立たない．まずなされなければならない試みは，分析という遠回りの方法 (Umweg der Analyse) で，患者自身に自分が病気になろうという意図を持っていることを確信させることである (DC pp.204-5)．［筆者強調］

フロイトは，患者が自ら努力することでは，病気を克服できないことを指摘している．なぜなら，神経症の問題は，そもそも無意識の領域に属しているため，患者自身が自分自身の状態—自分自身が本当は何を欲し，何に嫌悪し，何をしようとしているのか—を正しく自覚できないことだからである．したがって，克服すべき問題は，無意識の領域の問題をいかに患者に自覚させるかということである．

　この二つの問題は，患者の治療に関する直接的な方法が，有効ではないことを示している．第一の問題は，洞窟の外側からの直接的な問題解決が有効に作用しないことを示している．第二の問題は，洞窟の内側の患者自身が，

直接的に問題解決を試みようとすることが有効に作用しないことを示している．直接的な方法では，洞窟の外側の人も，洞窟の内側にいる患者自身も，問題を解決することができない．したがって，フロイトが指摘するように，精神分析の方法は「遠回り」なものにならざるを得ない．

5. ヴィトゲンシュタインによる治療

フロイトの精神分析の方法論的特徴は，ヴィトゲンシュタインの方法論や問題設定と構造的に類似している．フロイトが精神分析において，「ドラの世界」のような心的構造物—プラトン的洞窟—に囚われになっている患者を解放することを目指していたように，ヴィトゲンシュタインは哲学において，われわれを囚われになっていることから解放することを目指している．ヴィトゲンシュタインは，囚われになっているわれわれの姿を「ハエ捕り壺」のハエにたとえている．

> 哲学におけるあなたの目的は何か．—ハエにハエ捕り壺から抜け出る方法を示すことである．（PI §309）

「ハエ捕り壺」とは，ハエを捕らえるための装置である．もしハエが，自分はある構造物に囚われているだけだと気づくことができるなら—つまり，自分自身のものの見方を変えることができるなら—そこから簡単に抜け出すことができる．われわれに欠如しているのは，自分が今見ている視点とは異なる視点から「ハエ捕り壺」を見ることである．そして，そのような視点が存在することに気づくことである．さらに，ヴィトゲンシュタインは，次のように言う．

> 人は，鍵のかかっていない，内側に開くドアのついた部屋に閉じ込められるだろう．もしその人に，ドアは押すのではなく，引くのだという考えが浮かばないなら．（CV p.42）

部屋に閉じ込められた人間のイメージが含意するものは，もしわれわれが哲学的問題であると考えていることに対して，自分自身のものの見方や視点を変えることができるなら，われわれはその問題から自らを解放することができるというものである．閉じ込められた部屋の中では，「ドアを押す」という解決方法以外に何も思い浮かばないため—なぜなら，その方法が唯一「合理的」だと考えてしまうから—に，部屋から抜け出すことができない．ヴィ

トゲンシュタインは，「ハエ捕り壺」や「閉じ込められた部屋」のイメージを使って，囚われになっている世界観から生じる「合理性」が，歪んだものであることをわれわれに自覚させようとしている．

　さらに具体的に，ヴィトゲンシュタインは，哲学においてわれわれが，「描像 (Bild)」に囚われになっていることを次のように言う．

> 　描像がわれわれを囚われにしていた．そして，われわれはそこから外に出られなくなっていた．なぜなら，描像はわれわれの言語の中にあり，言語はそれを容赦なくわれわれに繰り返しているように思われたからだった．（PI §115）

ヴィトゲンシュタインが言う描像に囚われになっているとは，どのようなことだろうか．その具体例を『探究』§66の「ゲーム」の考察に見ることができる．われわれが「ゲーム」と呼ぶものには，「ボードゲーム」「カードゲーム」「ボールゲーム」等，様々なものがある．そのような状況において，われわれは，「何かがそれらに共通でなければならない (müssen)，そうでなければ，それらを「ゲーム」とは言わない」（PI §66）と言いたくなる――つまり，そういった描像に囚われる．しかし，よく注視すれば，様々な「ゲーム」に類似性，関連性を見つけることがあっても，全てに共通なものは見つけられない，とヴィトゲンシュタインは言う．例えば，多様なボードゲームの関連性に注視した後，多様なカードゲームの関連性に注視すると，最初の一群との多くの対応を見出すであろうが，同時に，多くの共通の特性が消えて，別の特性が現れる．「ゲームの本質」と呼べるような全てに共通の特性を見つけることはできない．ヴィトゲンシュタインは，われわれが「ゲーム」と呼んでいるものの多様な特性に注視することによって，何か共通なものが「なければならない」と考えてしまう描像からの誘惑に抗している．

　それゆえ，ヴィトゲンシュタインは，「考えるな，見ろ！」（PI §66）と言う――囚われになっている知性による考察よりも，多様性をありのままに「見る」ことの重要性を強調する．なぜなら，問題の解消は，知性的考察によってもたらされるのではなく，「見る」ことによって，自らが描像に囚われになっていることを自覚することによってもたらされるからである．つまり，様々な「ゲーム」の特性をありのままに「見る」ことで，自分が「全ての「ゲーム」には，共通の特性がなければならない」という描像に囚われていたことに気づくことができる．そして，そういった自覚によって，われわれは，描像からの解放という治療へと導かれる[23]．

　描像がわれわれに突き付ける「なければならない」は，哲学的問題を考察する上での「合理性」を生み出す基盤になる．それは，何が哲学的問題であるべきか，それはどのように論じられるべきか，そして，それはどのような仕方で解決されねばならないのか，といったことに関する規範である．ちょうどそれは，「ドラの世界」が「ドラの世界の合理性」を持っていたように，描像が生み出す「なければならない」も，哲学的問題を解決する上での歪んだ「合理性」を生み出す．ドラが，「ドラの世界」の規範に従って行動し，自らを苦しめていたように，われわれは，描像が生み出す規範に従って，哲学的問題の解決を試み，そして，解決できないことに自ら苦しんでいる．「ドラの世界の合理性」は，ドラの世界の外部から眺められたなら，それは歪んだものであったように，哲学においても，描像が生み出す「合理性」は，その描像の外部から眺められたなら，それは歪んだもの，無用で空虚なもの（PI§131）である[24]．

　ヴィトゲンシュタインは，歪んだ合理性が生み出す「なければならない」について，様々な場面で論じている．例えば，論理学が生み出す「なければならない」に関して，彼は次のように言う．

　　　われわれは論理学において，何も曖昧なものはないと言いたがる．今やわれわれは，理想的な「なければならない」が，現実の中に見出されるという考えにとらわれている．一方で，われわれは，その考えがどのようにして現実の中に見出されるのかということに関して，まだ何もわかっていないし，この「なければならない」の性質について何も理解していない．われわれは，それが現実の中になければならないと信じている．なぜなら，それをすでに現実の中に見ていると信じているからである．（PI§101）

われわれは，論理学において曖昧さが許されないという描像を，安易に現実の中で理想化する．そして，その理想化は，現実の中の物事に過度に応用される．その過度の応用が，誤った「なければならない」を生じさせ，論理学と同様に，現実においても，曖昧さは許されるべきではないという信念を生み出す．そして，その信念が，われわれが何をどのように見るべきかという規範を生み出し，その結果，われわれは，その規範に従ってしか，現実を見ることができなくなる．描像が生み出す哲学的「なければならない」という規範が，哲学的問題が何であるのか，それはどのように解決されなければならないのか，という世界観を構成してしまう．

フロイトとヴィトゲンシュタインの類似性についての考察は，さらに深められる．第一に，もしヴィトゲンシュタインとフロイトの問題設定に構造的類似性があるのならば，問題の解決は，決定的な原因を一つ解決することによっては達成しないはずである．つまり，フロイトが，精神分析において問題が生じる理由を，心的活動の蓄積と結合の「重複決定」であるとし，決して唯一の理由を突き止めることで解決できないと考えていたように，ヴィトゲンシュタインも，哲学的問題が「重複決定」によって形成されていると考えている可能性がある，つまり，われわれが，ある哲学的描像を支持する理由は，単一ではなく，複数の蓄積と結合によると考えられる可能性がある．もしヴィトゲンシュタインが，われわれ自身が囚われになっていることを自覚させることを哲学的課題として考えているなら，その課題を克服するためには，様々な複数の重層的要因を少しずつ解きほぐす必要がある．

　実際，この「重複決定」の特徴は，『探究』の著作スタイルを説明する上で重要である．つまり，なぜヴィトゲンシュタインが，『探究』を「アルバム」―断片的な「所見（Bemerkungen）」の寄せ集めに見える―と呼ぶ形式で書いたのかということに，新たな洞察を与えてくれる（PI序文）．『探究』の著作スタイルは，決して直線的な議論で構成されていないことは明らかである．ヴィトゲンシュタイン自身が，「ある主題から別の主題へ飛躍する」（PI序文）といった特徴づけをしているように，一見すると『探究』は，無秩序に並んだアフォリズムの集合のように見えるかもしれない．テキストのどの段階で何の問題が提示され，どの段階でどのような議論によって，何が解決されたのか特定することは，ほとんど不可能である[25]．もしヴィトゲンシュタインが，ある哲学的問題に対して，その決定的原因を特定できると考えているならば，ヴィトゲンシュタインの議論は，もっと直線的になるはずである．議論が直線的に展開できないのは，哲学的問題が，重層的で複雑な「重複決定」を理由として，われわれのものの見方や考え方に根深く内在しているためである．

　さらに，「重複決定」の問題は，ヴィトゲンシュタインの議論の形式的特徴を理解する上でも重要である．例えば，ウィリアムズは，ヴィトゲンシュタインの議論は，どれも彼が標的としている理論を完全に反駁するには不十分であることを指摘している[26]．実際，彼女が指摘するように，もしヴィトゲンシュタインが，標的としている理論や説を反駁し，撤回させることを目指していたなら，彼の議論は不十分であり，成功しているとは言えないだろう．より多くの想定される再反論やより複雑な場合分けの可能性を考える必要がある．

　しかし，ヴィトゲンシュタインが，哲学的描像に囚われになっているわれわれを解放することを意図していたなら，議論の不十分さは別の理由で説明できる．つまり，もし「重複決定」によって哲学的描像に囚われになっていることを，われわれに自覚させることがヴィトゲンシュタインの目的であるなら，一つ一つの理論や説を完全に論駁することは重要ではなくなる．なぜなら，理論や説を完全に反駁することよりも，自分自身のものの考え方の歪みを映し出す，いわば鏡を提供することが，ヴィトゲンシュタインの目的にとって重要になるからである．ヴィトゲンシュタインは，次のように言う．

　　私は私の読者が，その人自身のあらゆる歪んだ考えを見つめ，その助け
　　によって，自らを正すことができる単なる鏡であるべきである．

（CV p.18）

哲学理論が生み出す世界観の全体性―「ハエ捕り壺」の全体像―を問題とする場合，一つ一つの理論や説を反駁しても目的は達成されない．仮に，一つの理論や説を完全に反駁したとしても，また別の理論や説が，その構造的世界観を存続させるべく機能してしまうからである．必要なことは，問題となっている世界観の全体を一挙に自覚的に破却することである[27]．これまで無意識に受け入れて来た世界観が，いわば一気に破れる経験をすることが必要になる．「重複決定」により生み出されている世界観は，その妥当性の根拠が，単一のものに限定できないがゆえに，われわれが，それに依拠することの問題性を自覚し，そのうえで，自発的に拒否することが不可欠なのである．ヴィトゲンシュタインの議論の一つ一つが不十分に感じられるのは，彼がわれわれの依拠している世界観の全体像を描き出し，それをいわば「鏡」のように，われわれの眼前に示すことによって，自覚を促すことを目的としていたからだと考えられる．

　第二に，もしヴィトゲンシュタインとフロイトが克服しようとした問題に構造的類似性があるのならば，ヴィトゲンシュタインによる哲学的問題の克服の方法は，フロイトの方法と同様に「遠回り」なはずである．フロイトの方法論が示しているように，直接的な方法は有効ではないはずである．ある哲学的描像に囚われになっている人に対して，その描像の問題点を直接的に指摘するだけでは，その描像全体を放棄するというヴィトゲンシュタインが望む問題の解消には至らないはずである．なぜなら，われわれは，自分が強く支持している哲学的描像を批判されたとき，その描像を放棄するというよりは，批判をかわすために，その描像を様々な形でより精緻なものにしよう

17

と努力するからである．フロイトが患者に直接的に問題点を指摘する弊害と類比的に，直接的な批判は，「態度の変更」を阻害し，描像の放棄よりは，描像に対する執着をより強くしてしまう．

　実際，ヴィトゲンシュタインは，いくつかの「遠回り」な方法を行っている．例えば，ヴィトゲンシュタインは，哲学的問題に関して，幾度となく「自分自身に尋ねよ，思い出してみよ (sich fragen, sich besinnen)」等といった形式の問いを頻繁に発している[28]．このような形式の問いは，自分自身が，すでに答えを知っていることを想定している．ヴィトゲンシュタインは，哲学に対する重要な洞察が，自分自身の中にすでに存在してしまっているにもかかわらず，それに気づいていないのだと考えている．しかもヴィトゲンシュタインは，決して直接的な方法論で，われわれに気づかせようとはせず，「遠回り」に，「自己に問いかけよ」とわれわれに命じる方法をとっている．それゆえ，ヴィトゲンシュタインは，次のように言う．

　　問題は，新たな情報を与えることではなく，われわれがすでに知っていることを整理することで解決される．（PI §109）［筆者強調］

　　哲学者の仕事とは，特定の目的のために覚書（Erinnerungen）を集めることである．（PI §127）

彼にとって問題となっているのは，すでに何事かを知っているにもかかわらず，そのことに自覚的になれないわれわれ自身のあり方である．あるいは，すでに知っているのに忘れてしまっていることを，覚書によって思い出させることである．そして，ヴィトゲンシュタインは，自覚的になれないわれわれ自身を，哲学的考察を通じ「遠回り」に呼び覚まそうと試みている．ヴィトゲンシュタインが，フロイトと共に最も深く確信していることは，われわれは，自分自身のことを自分で思っているよりもずっと理解していないことである．そして，われわれは，方法論なしに自己を知ることができない存在者であるということである[29]．

　フロイトが，患者が精神疾患で苦しむ原因は，患者が自分自身を歪んだ世界観の中に閉じ込めてしまっていることであると考えたように，ヴィトゲンシュタインも，われわれが哲学的問題の克服に苦しんでいるのは，歪んだ世界観—哲学的描像—に囚われになっているからだと考えている．このような構造的に類似した問題を克服するためには，自分自身が囚われになっていることを自覚する—自己を知る—必要がある．精神分析において，患者を治療

するためには，様々な事柄を重層的に，多様な方向から扱うことで—直線的に問題を言及することを差し控え，間接的で「遠回り」な意志疎通の方法を用いることで—患者を歪んだ世界観から解放することが必要である．同様に，哲学におけるヴィトゲンシュタインの治療とは，フロイトと類似した方法論を用いて，囚われになっているわれわれを解放することである．ヴィトゲンシュタインは，より自由で，多角的視点から世界を認識できる存在者へと自己変革することをわれわれに促し続けている．

注

1. Wittgenstein (1953)．最も標準的な「治療的哲学」の特徴づけは，Hacker (1986)，pp.151ff. に見ることができる．
2. 後期ヴィトゲンシュタインが，治療的であると主張するのは，Resolute Readers だけでない．例えば，Hacker, Rorty, Horwich 等，様々である．
3. 実際，脚注 2 で挙げられた研究者たちの見解は様々である．その違いの詳細について論じるのは，本稿の目的ではない．
4. 代表的なものは，Baker (2004)，Bouveresse (1995)，Cavell (1958) である．
5. 方法論的類似性とは，理論的類似性とは異なる．フロイトは，心や無意識に関する理論を主張している一方，ヴィトゲンシュタインは，治療的に解釈するなら，あらゆる理論的主張していないはずである．方法論的類似性とは，扱う問題の類似性とも異なる．フロイトは，精神疾患の問題を扱う一方，ヴィトゲンシュタインは，言語や論理に関する哲学的問題を扱っている．私が主張する両者の類似性とは，問題設定の構造とそれを克服するための方法論に関する類似性である．私の主張は，ヴィトゲンシュタインが，フロイトの精神分析の理論にコミットしているというものではない．
6. Drury (1981)，p.151.
7. Malcolm (1958)，p.39.
8. この問題については，Bouveresse (1995) 参照．
9. Wittgenstein (1970).
10. Malcom (1958)，p.39.
11. Wittgenstein (1980).
12. Wittgenstein (2013).
13. ヴィトゲンシュタインと自覚との関係について，林晃紀 (2020a)，(2020b) においても検討を加えている．
14. Hacker (2007) は，Baker (2004) に対し，ヴィトゲンシュタインの治療は，精神分析と異なり，特定の個人に向けられてはいないと批判する．私の解釈も Baker 同様に，治療を特定の個人に向けられていると捉えている．しかし，私の場合，それは治療の目的が，自覚にあるからである．自覚とは，本質的に，

特定の個人において生じ，到達されるものである．

15. Waismann (2003)，pp.68-71.
16. 自覚の問題はヴィトゲンシュタインの「記述」の方法論とも関連がある．これについては，林晃紀 (2020b) 参照.
17. Malcom (1958)，p.39.
18. ヴィトゲンシュタインが，140頁のタイプ原稿の72頁にわたって，哲学と精神分析の類似性を論じていたと記録されている．Bouwsma (1986)，p.36参照.
19. Freud (1905). この症例を扱う代表的な哲学者はLacanである.
20. フロイトは 他の様々な原因の可能性も考察しているが，本稿では割愛する.
21. フロイトは，「重複決定」が何であるのか，明確に説明していない．しかし，彼の言う「重複決定」とは，無関係に見える複数の原因が，それぞれの影響力とともに疾患を生じさせることであると推察できる.
22. 本稿の目的は，問題設定と方法論に関する類似性を議論することである．フロイトやヴィトゲンシュタインが，プラトンの理論的主張―例えば，イデア論―にコミットしているという意味ではない.
23. もちろん，治療はPI§66の議論だけで完了するわけではない．§66以降の節においても，複雑で多角的な議論によって，描像からの解放を試みている．本稿のこの個所の議論は，描像からの解放の具体例の断片である.
24. 言語ゲームに関する議論において，言語が現実と対応していなければならないという考え方は「ドグマ」であり，言語ゲームを示すことによって比較の対象を提示し，われわれを「なければならない」から解放しようとヴィトゲンシュタインは意図している．PI§130-131参照.
25. 例えば，厳密にどの範囲が「規則の問題」であるか共通の理解を得ることは不可能である．あくまで大まかな目安としてしか示すことができない.
26. Williams (2010)，p.10.
27. それゆえ，ヴィトゲンシュタインは，一つの問題が解決するのではなく，諸問題が解決すると言う．PI§133参照.
28. 『探究』のPart Iだけでも，ヴィトゲンシュタインは，次の箇所でそういった形式の問いを使っている．§18, 73, 77, 89, 90, 116, 117, 137, 154, 158, 171, 172, 173, 174, 175, 178, 190, 194, 342, 385, 489, 533, 578, 607, 674, 687.
29. Cavellは，自己知の観点から両者の方法論的類似性を考察している．Cavell (1958)，pp.66-67.

文献表

Baker, G. (2004) *Wittgenstein's Method Neglected Aspects* (London: Blackwell).

Bouveresse, J. (1995) *Wittgenstein Reads Freud*, trans. C. Cosman (Princeton, NJ: PUP).

Bouwsma, O.K. (1986) *Wittgenstein: Conversations 1949-1951*, ed. Craft and Hustwit

(Indianapolis: Hackett).

Cavell, S. (1958) "The Availability of Later Wittgenstein's Philosophy" in his *Must We Mean What We Say?* (Cambridge: CUP, 1969).

Drury, M. (1981) "Conversation with Wittgenstein" in Rhees, R *Ludwig Wittgenstein Personal Recollections* (Totowa, NJ: Rowman and Littlefield), p.151.

Freud, S. (1905) "Brushstück einer Hysterie-Analyse" in *Gesammelte Werke V* (London: Imago Publishing, 1942). 本文中略記DC.

Hacker, P.M.S. (1986) *Insight and Illusion* (Oxford: OUP).

Hacker, P.M.S. (2007) "Gordon Baker's late Interpretation of Wittgenstein" in *Wittgenstein and His Interpreters* (Oxford: Blackwell), pp.88-122.

林　晃紀 (2020a)「理論から自覚の哲学へ―『探究』冒頭から考察する治療的哲学の意義―」『哲学』第71号，pp.197-207.

林　晃紀 (2020b)「治療的哲学から考察されるヴィトゲンシュタインの規則に従うこと」『科学哲学』53巻1号，pp.55-75.

Malcom, N. (1958) *Ludwig Wittgenstein: A Memoir* (Oxford: OUP).

Williams, M. (2010) *Blind Obedience* (London: Routledge).

Waismann F. (2003) *The Voices of Wittgenstein: The Vienna Circle Ludwig Wittgenstein and Friedrich Waismann*, ed. G. Baker (London: Routledge).

Wittgenstein, L. (1953) *Philosophical Investigations*, ed. G.E.M. Anscombe and R. Rhees, trans. G.E.M. Anscombe (Oxford; Blackwell). 本文中略記PI.

Wittgenstein, L. (1970) *Lecture and Conversations on Aesthetics, Psychology and Religious Belief*, ed. C. Barrett (Oxford: Blackwell). 本文中略記LC.

Wittgenstein, L. (1980) *Culture and Value*, ed. G.H. von Wright, trans. P. Winch (Oxford: Blackwell). 本文中略記CV.

Wittgenstein, L. (2013) *Big Typescript*, ed. and trans. C.G. Luckhardt and M.A.E. Aue (Oxford; Wiley-Blackwell). 本文中略記BT.

（慶応義塾大学）

自由応募論文

運動表象は非命題的で概念的か
—接続問題を通じて—

佐藤広大

Abstract

This paper is concerned with the interface problem: An action is guided both by an intention, whose format is propositional, and a motor representation, whose format is non-propositional. How can an intention and a motor representation interlock, while the formats of intention and motor representation are different? In this paper, first, I review the existing solutions to this problem, and point out the defects in them. Then, I propose a new solution, namely a conceptualistic solution, according to which both the format of executable action concept which constitutes an intention and the format of motor representation are not only non-propositional but also conceptual.

1. はじめに

これまで行為の哲学は，意図について論じてきた．意図は，行為という結果を命題的な形式 (format) で表象する．ところが，近年，「運動表象 (motor representation)」という概念が注目されている．運動表象は，行為という結果を非命題的な形式で表象する．運動表象について探求すれば，行為の新しい側面が明らかになるかもしれない．

しかし，運動表象は問題を生じさせる．意図は命題的な形式をとり，運動表象は非命題的な形式をとるので，二つは表象形式が異なる．他方で，意図と運動表象はどちらも，行為という結果を特定し，行為を導く．ここで，いわゆる「接続問題 (the interface problem)」が生じる．

S・A・バタフィルとC・シニガーリャは，「非偶然的な合致」に注目して，接続問題を次のように定式化する．

2022年3月7日投稿，2022年7月24日再投稿，2022年12月12日再々投稿，2023年6月20日審査終了

一つ以上の意図と一つ以上の運動表象の両方が行為を導く事例が存在する．そうした事例の少なくともいくつかでは，意図によって特定される結果が，運動表象によって特定される結果と合致する．さらに，この合致はいつも偶然に起こるというわけではない．非偶然的な合致はどのように生じるのか（Butterfill & Sinigaglia 2014, pp.131-132）．

一方，G・フェレッティとS・Z・カイアーニは，「連動」に注目して，接続問題を次のように定式化する．

意図は命題的な形式で作られているが，運動表象は運動的な形式である．二つはどのように連動するのか（Ferretti & Caiani 2019, p.302）．

以下では，フェレッティとカイアーニの定式化を用いる．
　本稿の目的は，接続問題の新しい解決策として概念主義説を提案することを通じて，運動表象の内容が非命題的で概念的だと主張することである．2節では運動表象について，3節では接続問題についてさらに説明する．4節では，接続問題の既存の解決策を紹介する．5節では，本稿の解決策である概念主義説を提案し，知覚の哲学における概念主義を使って補強する．

2. 運動表象

　バタフィルとシニガーリャは，運動表象と意図は表象形式が異なると主張し，形式が異なることを次のように説明する．たとえば，同じ経路を説明する際に図を使うことも語を使うこともできる．このとき，図と語は同じ内容を表すが，表し方つまり形式が異なっている（Butterfill & Sinigaglia 2014, p.125）．
　それでは，運動表象と意図は表象形式が異なるという主張の根拠は何か．まず，バタフィルとシニガーリャは，バスケットボールでシュートを打つことを想像する二つの仕方を挙げる．第一の仕方は，行為の際の現れを伴う想像（運動表象）である．元バスケットボール選手が想像する仕方などが該当する．第二の仕方は，命題的な想像である．文字を読むことを通じてしかバスケットボールを知らない人が想像する仕方などが該当する（Butterfill & Sinigaglia 2014, p.129）．
　第一の仕方の想像にかかる時間などに対する制約は，実際の行為の遂行に対する制約と密接に関連している（Jeannerod 2001）．たとえば，ある対象を動かすことを想像するのにかかる時間と，その対象を実際に動かすのにかか

る時間は密接に関連している（Decety et al. 1989）．一方，第二の仕方の想像の場合には，実際の行為の遂行に対する制約が適用されるとはかぎらない（Butterfill & Sinigaglia 2014, pp.129-130; p.127）．

　ところで，表象は，その表象に特有の処理が異なるとき，形式も異なる．たとえば，経路を図で表す場合は経路を逆向きにたどるのが簡単だが，語で表す場合は建物など目印の一覧表を使って経路を説明するのが簡単なので，図と語に特有の処理が異なり，表象形式も異なる（Butterfill & Sinigaglia 2014, pp.125-126）．

　したがって，行為の際の現れを伴う想像の仕方に特有の処理と命題的な想像の仕方に特有の処理も異なるので，二つの想像の仕方は形式が異なっており，運動表象は命題的な形式ではないことになる．他方で，実践的推論の一部になりうるなどする意図は命題的な形式なので，運動表象と意図は形式が異なる（Butterfill & Sinigaglia 2014, pp.129-130）．

　C・ブロッゾによれば，運動表象という概念は行為についての神経科学で生まれた．この概念を措定させた証拠のなかから，ここでは動作の速さを取り上げる．たとえば，楽器を演奏中の指の動きは，感覚的なフィードバックが影響を与えられない速さである．したがって，行為を実行する前にそうした指の動きなどが表象されている，つまり，運動表象が存在すると考えられてきた（Brozzo 2017, pp.233-234; Cf. Jeannerod 2006, p.9）．

　運動表象は次のような特徴を持つと考えられている．第一に，運動表象は，実践的推論の入力や出力ではなく，素早い感覚運動計算の入力や出力である．第二に，運動表象が従うのは，実践的推論の規範ではなく，フィッツの法則（対象まで移動するのにかかる時間は，対象までの距離と対象の大きさの関数になる）などの生物力学的制約や運動規則である．第三に，運動表象はパーソナルレベルではなくサブパーソナルレベルの表象である．第四に，運動表象は，意識的な制御のもとで機能するのではなく，大部分自動的に機能する（Mylopoulos & Pacherie 2017, pp.322-323）．

3. 接続問題

　バタフィルとシニガーリャは，次のような接続問題の具体例を挙げる．あなたはレバーを引くことを意図する．この意図が，あなたがレバーに手を伸ばすことやつかむことなどにつながる．手を伸ばす行為やつかむ行為が特定の結果に向けられているのは，運動表象のおかげである．あなたは，レバーを引くという意図と，レバーに手を伸ばすことやつかむことについての運動表象を持つ．意図と運動表象は形式が異なるにもかかわらず，レバーを引く

意図が特定する結果とレバーに手を伸ばすことなどについての運動表象が特定する結果とが一致するのはいかにしてか．これが問題になっている（Butterfill & Sinigaglia 2014, p.131）．

　そもそもなぜ接続問題が問題になるのだろうか．意図と運動表象の関係が単なる因果関係であれば，接続問題は問題にならない．たとえば，昨日食べた梅干しが酸っぱかったことを思い出してつばが出たとき，思い出した内容は命題的な形式だが，つばが出ること自体は非命題的な形式である．このとき，思い出した内容がつばが出ることを引き起こしていても，接続問題は問題にならない．一方，意図と運動表象の間には，因果的なつながりだけでなく内容的なつながりもある．たとえば，レバーを引く意図とレバーに手を伸ばすことについての運動表象は内容的に関連しており，しかも二つは形式が異なるにもかかわらず調和しながら行為を導いている．このように意図と運動表象の間に内容的なつながりがあることが，接続問題を問題たらしめている．

　通常，意図と運動表象は一致するので，我々は接続問題の存在を意識しないかもしれない．しかし，意図と運動表象が食い違うことがある．そのような事例の一つが，脳の損傷によって生じるエイリアンハンド症候群である．エイリアンハンド症候群の患者の腕は，環境からの刺激にふさわしくない仕方で反応して習慣的な動作を行う．たとえば，同伴者の皿から食べ物をとってしまう．そして，患者はこのような動作を直接制御できていないと感じる．このとき，運動表象によって導かれている腕の動きは，意図と食い違っている（Mylopoulos & Pacherie 2017, p.323; Cf. Della Sala 2005, p.606）．

　接続問題をめぐる議論には前提がある．それは，接続問題を論じる際に，形式が異なる意図の内容と運動表象の内容との間の翻訳を現時点では利用できないという前提である．なぜなら，そのような翻訳がどのようになされるかや，そのような翻訳をどのように探求すればよいかなどについて何も知られていないからである（Butterfill & Sinigaglia 2014, pp.132-133）．

4. 既存の解決策

　本節では，接続問題の既存の解決策から「運動図式説（the motor schema solution）」と「同一形式説（the same format solution）」を取り上げる[1]．私は既存の解決策のなかで同一形式説が最も有望だと考えている．そこで，5節では，同一形式説を踏まえた本稿の解決策を提案する．

4.1 運動図式説

　マイロポウロスとパシェリーによれば，「運動図式（motor schema）」が意

図と運動表象の間の隔たりを翻訳なしに埋める (Mylopoulos & Pacherie 2017, p.334). 運動図式とは, 行為に関する非命題的な形式の表象で, ある種類の行為に共通する一般的なパターンについての知識を蓄えていて, 運動表象よりも抽象的で持続する. なので, ある状況である行為をどのように遂行すべきか決めるとき, 運動図式はその状況に適した具体的な値をとる必要がある. 行為を導く運動表象は, 運動図式が具体的な値を取り例化したものである. 運動図式は, いくつかのものは生得的だが, 運動表象の集合やすでに獲得している運動図式の集合から帰納法を通じても獲得される (Mylopoulos & Pacherie 2017, p.330).

運動図式は, 意図と運動表象の間の隔たりをどのように埋めるのか. マイロポウロスとパシェリーは次のように説明する. まず, 意図の構成要素である「実行可能な行為概念 (executable action concept)」を持つためには, 運動図式を持たなければならない (Mylopoulos & Pacherie 2017, p.334). 実行可能な行為概念とは, 行為を観察することによってではなく, 自分自身で遂行することによって形成される概念である. そして, この実行可能な行為概念が, 運動図式を経由して, 運動表象を引き起こす (Mylopoulos & Pacherie 2019, pp.8-9).

このとき, 意図と運動表象の間の隔たりは埋められているだろう. なぜなら, 意図の構成要素である実行可能な行為概念を持つためには運動図式を持たなければならないので実行可能な行為概念と運動図式は一体化しており, かつ, 運動図式と運動表象はどちらも非命題的な形式なのでその間に隔たりはないからである.

すると, 問題になるのは, 意図を構成する実行可能な行為概念と運動図式とが, どのように一体化しているかである. その答えとして, マイロポウロスとパシェリーは, 運動図式の獲得と実行可能な行為概念の獲得が同じベイズ学習の過程を共有していることを挙げる (Mylopoulos & Pacherie 2017, pp.330-332; Cf. Ferretti & Caiani 2019, p.307).

しかし, フェレッティとカイアーニによれば, ベイズ学習という概念を導入しても接続問題を解決したことにはならない. なぜなら, ベイズ的な枠組が説明するのは, 実行可能な行為概念の獲得が運動図式の獲得によって促されるということだけだからである. 接続問題を解決するためには, 実行可能な行為概念が運動図式をどのように引き起こすか説明しなければならない (Ferretti & Caiani 2019, pp.308-309). つまり, 接続問題を解決するために最終的に説明すべきなのは, 実行可能な行為概念が, 運動図式を通じてどのように獲得されるかということではなく, 獲得されたあとにどのように運動図

式を引き起こしているかということである.

4.2 同一形式説

　フェレッティとカイアーニによれば，意図と運動表象は実行可能な行為概念によって結びついている．なぜなら，意図の構成要素である実行可能な行為概念[2]の形式が，運動表象の形式と同じく非命題的だからである．よって，意図から運動表象への直接的な経路が存在するので，意図と運動表象の間に翻訳は必要ないとフェレッティとカイアーニは考える (Ferretti & Caiani 2019, p.310).

　フェレッティとカイアーニは，同一形式説は意図と行為概念が接する部分に接続問題を残しているという反論に対して，次のように答える．非命題的な行為概念が命題的な意図を構成すると想定しているだけなので，接続問題は残らない．文の構成要素である名詞や動詞などが非命題的な形式であっても，文は命題的な形式であるのと同様だ，と (Ferretti & Caiani 2019, pp.327-328, n.10).

　しかし，同一形式説は，行為概念と運動表象の接続を十分に説明していない．同一形式説によれば，行為概念と運動表象はどちらも非命題的な形式なので接続可能である．しかし，非命題的といっても，そのなかには様々なものが，たとえば絵文字やベタ塗りの単純な絵などが含まれる．どちらも非命題的だが，絵文字は概念的で，単純な絵は非概念的である．つまり，非命題的だからといって非概念的であるとはかぎらない．本論文は，小口峰樹に従って，命題的という語と概念的という語を次のような意味で用いる．小口によれば，ある経験が命題的な構造を持つためには，第一にその経験は主部と述部に相当する分節形式を備えている必要があり，かつ，第二にその経験の構成要素は合成性原理を満たしている必要がある (小口 2013, p.106). 一方，ある内容が概念的であるためには，命題的であるための第二の条件の合成性原理を満たしている必要はあるが，第一の条件の主部と述部の構造を持つことを満たしている必要はない (Cf. 小口 2013, pp.20-24; Gunther 2003, pp.8-14). そして，行為概念は非命題的だが，あくまで「概念」であるため概念的なので，もし運動表象が単純な絵のように非概念的だとしたら，概念的な行為概念と非概念的な運動表象の間に接続問題が残ることになる．よって，接続問題を完全に解決するためには，行為概念と運動表象の形式がどちらも非命題的であるということ以上のことを指摘しなければならない．

5.　本稿の解決策

　本稿は，接続問題を完全に解決するために，概念主義説を提案する．概念主義説は，行為概念だけでなく運動表象も非命題的で概念的なので，二つは接続できるという説である．この説は，知覚の哲学において小口が擁護する概念主義という立場から着想を得ている．そこで，まず，5.1で小口の立場を紹介し，この立場をもとに5.2で運動表象が非命題的で概念的であることを示す．

5.1　知覚表象に関する小口の議論

　知覚の哲学における概念主義によれば，知覚内容は信念内容などと同様に構造化されていて概念的である．なぜなら，概念的な内容を持つ信念などに理由を与えるためには，知覚も概念的な内容を持っていなければならないからである（小口 2013, p.6）．

　小口は，知覚経験の形成過程に関する経験科学の成果を踏まえて，知覚の哲学における概念主義を擁護する（小口 2013, p.6）．ここでは，小口の議論の二つの部分を取り上げる．第一に，知覚経験に概念的な内容を与えるメカニズムを解明する部分である．第二に，知覚の哲学における概念主義への反論に応答する部分である．

　まず，小口が，初期知覚過程が知覚経験に命題的な構造を伴った概念的な内容を与えるメカニズムを解明する部分を見ていく．小口によれば，知覚経験が命題的な構造を持つための条件が二つ存在するのだった．第一に，その経験は主部と述部に相当する分節形式を備えている必要がある．第二に，その経験の構成要素は合成性原理を満たしている必要がある．そして，小口は，初期知覚過程が第一の条件を満たすことはZ・ピリシンの「視覚的指標理論（visual index theory）」が示し，第二の条件を満たすことはM・マッテンの「感覚的分類理論（sensory classification theory）」が示すと考える（小口 2013, pp.106-107）．

　最初に初期知覚過程とは何かをおおまかに説明する．初期知覚過程は，以下のような役割を果たす．まず，「視覚的対象に対して指標づけし」，「対象ファイル」を作成する．次に，そのなかへ「感覚的分類」の結果を統合することで，概念的な内容を成立させる．最後に，その内容を意識経験へと伝えることで，知覚的な判断を可能にする（小口 2013, p.128）．以下で，さらに詳しく説明しよう．

　視覚的対象に対して指標づけして選択するために，対象の性質をコード化

する（概念的なものへと変換する）必要などはない（小口 2013, p.108; Cf. Pylyshyn 2007）. 小口によれば，視覚的対象に対して指標づけがなされていることは，経験的な証拠によって支持されている. たとえば，多対象追跡実験では，まずディスプレイに複数の図形が呈示され，点滅などの手掛かりによっていくつかの図形が標的として指定される. そして，すべての図形が色や形を変えながら移動し，被験者は標的を追跡する. 各試行の終わりに，被験者は，標的として指定された対象がどれか判断する. すべての呈示刺激が質的に同一である場合も追跡の結果がさほど損なわれないことなどから，対象の数的同一性に対する追跡は，対象の性質などではなく，視覚的な指標づけを利用して行われていると考えられる（小口 2013, pp.110-112; Cf. Pylyshyn 2007, pp.34-37〔邦訳 pp.52-57〕）.

　また，対象ファイルとは次のようなものである. 視覚的対象が指標づけられると，その対象についてからっぽのファイルが作成される. そして，そのファイルに，対象がある時点で保持している性質が保存される（小口 2013, p.113; Cf. Pylyshyn 2007, pp.37-39〔邦訳 pp.58-60〕）.

　小口によれば，指標づけと対象ファイルが，視覚経験に命題的な内容を与える. 具体的には，指標づけられた対象が命題の主部に相当するものとして与えられ，対象ファイルのなかに保存された対象の性質が命題の述部に相当するものとして与えられる（小口 2013, p.113）.

　くわえて，感覚的分類とは，ある視覚的対象に関連する感覚刺激を赤や青などの特定のクラスへと分類し，分類結果をその視覚的対象に関連するものとして意識経験へと伝えることである（小口 2013, p.116; Cf. Matthen 2005, p.24）. このように感覚刺激が，ある特定のクラスへと分類されることによって，そのクラスに関わる共通の性質以外が捨象され，異なる命題の構成要素となりうるような一般性ないしは分節性を分類結果が備える（小口 2013, pp.117-119）.

　ここまで説明してきたメカニズムによって知覚経験に与えられる内容が，小口が挙げる概念性の四つの特徴を持ち，概念的であることを確認しよう.

　小口は，「概念とは何か」という問いに対する中立的な答えとして，「概念は思考の構成要素である」という答えを採用する. 小口によれば，この答えは，概念を異なるものとして捉える論者たちが共通に認めているものである. 概念が思考の構成要素であるとは，たとえば，「今日は暑いな」という私の思考が，「今日」や「暑い」という概念から構成されていることである（小口 2013, pp.18-19; Cf. Prinz 2002, p.2）.

　そして，小口は，思考の内容が指示対象のレベルではなく意義のレベルで

個別化されていると考える．たとえば，「明けの明星」と「宵の明星」は，金星という同一の指示対象を持つが，指示対象への経路を定める意義が異なる（小口 2013, p.20）．

小口は，意義によって構成される思考の内容が有する四つの特徴（合成性原理，認知的意義の原理，指示決定性の原理，力からの独立性の原理）を，よく取り上げられるものとして挙げる（小口 2013, p.20; Cf. Gunther 2003, pp.8-14）．以下では，知覚経験の内容が，これら四つの特徴を持つことを確認していく．

合成性原理によれば，ある内容が概念的であるためには，その構成要素が別の内容の構成要素にもなりうるのでなければならない．感覚的分類理論によれば，知覚経験の内容は感覚クラスとして抽出され，分節化された形式を備えているため，他の内容の構成要素になりうる．よって，合成性原理を満たす（小口 2013, p.129）．

合成性原理は概念にとってなぜ必要なのか．小口によれば，合成性原理は思考の「体系性」と「生産性」を説明する．体系性とは，ある思考内容を理解することが，その内容の構成要素から成る別の思考内容も理解できることを含意することである．たとえば，「鉛筆は軽い」という内容と「パソコンは重たい」という内容を理解できるなら，「パソコンは軽い」という内容や「鉛筆は重たい」という内容なども理解できる．生産性とは，我々が把握できる概念は有限であるにもかかわらず，そこから無数の思考を生み出せることである（小口 2013, pp.20-21）．

認知的意義の原理によれば，ある内容が概念的であるためには，その構成要素が何らかの提示様式として，つまり，意味のレベルではなく意義のレベルで，知覚者に与えられなければならない．小口は，主体から独立に特定できる対象や性質を意味だと考え，主体の観点から主体に相対的に捉えられる提示様式を意義だと考えている．感覚的分類理論によれば，知覚経験の内容は，感覚システムから独立に成立している情報の単なる反映ではなく，情報がそれぞれの生物に相対的な仕方で分類された結果である．よって，認知的意義の原理を満たす（小口 2013, pp.130-133）．

認知的意義の原理は概念にとってなぜ必要なのか．小口によれば，認知的意義の原理は，概念の個別化の基準を示す．ある人物が，ある事物について，「それがFであり，かつ，Gでない」という内容の思考を持ちうるならば，FとGは，意義のレベルで異なるので，異なる概念である（小口 2013, p.21）．

指示決定性の原理によれば，ある内容が概念的であるためには，主体がその内容の意味論的な値を決定できる，つまり，知覚対象を同定できなければ

ならない．視覚的指標理論によれば，初期知覚システムには視野内の対象を因果的に同定するメカニズムが備わっている．よって，指示決定性の原理を満たす（小口 2013, p.133）．

指示決定性の原理は概念にとってなぜ必要なのか．小口によれば，指示決定性の原理は，次の二つのことと結びついている．第一に，意義としての内容を把握することは，その内容が指示する対象や性質や事態を把握することでもあることである．第二に，内容が指示対象を誤表象しうることである（小口 2013, pp.22-23）．

力からの独立性の原理によれば，ある内容が概念的であるためには，その内容が力と独立に個別化されうるのでなければならない．力とは，命題的な心的状態の場合，命題内容に対する態度を表す．初期知覚システムの分類活動による内容の個別化は，内容に力を与える認知システムとは比較的独立に自動的に行われる．よって，力からの独立性の原理を満たす（小口 2013, pp.135-136; p.23）．

力からの独立性の原理は概念にとってなぜ必要なのか．小口によれば，力からの独立性の原理は，同一の内容に対して異なる態度をとりうることを表している．たとえば，今日は暑いという内容に対して，私は喜んでいるが，あなたは悲しんでいるということがありうる．このことは，意見の対立が起こりうるコミュニケーションの成立に欠かせない（小口 2013, p.23）．

次に，小口が，概念主義への反論に応答する部分を見ていく．ここで取り上げる反論は，「動物や幼児の知覚からの論証」と「知覚の改訂不可能性からの論証」である．

動物や幼児の知覚からの論証は，以下のように進む．動物や幼児は概念を持たない．しかし，動物や幼児も知覚でき，その知覚内容は概念を持つ成人と同じ種類のものである．よって，知覚内容は非概念的である．この反論に対して，小口は次のように答える．たしかに動物や幼児は言語的概念を有さないので，理由を与えることはできない．しかし，感覚的概念は有するので，概念的な知覚内容を持つ（小口 2013, p.139）．

知覚の改訂不可能性からの論証は，以下のように進む．ある内容が概念的であるためには，その内容が証拠に応じて改定可能でなければならない．しかし，知覚内容は証拠に応じて改定可能ではない．よって，知覚内容は概念的ではない（小口 2013, p.141; p.27; Cf. Crane 1992, pp.151-152）．この反論に対して，小口は，「ある内容が概念的であるためには，その内容が証拠に応じて改定可能でなければならない」という前提を否定し，次のように説明する．知覚内容が改訂不可能なのは，知覚内容の感覚的概念が，刺激の自動

的な処理によって生じるからである（小口 2013, p.141）.

5.2 運動表象の内容は概念的か

運動表象は，行為の単なる運動学的特徴ではなく行為という結果を表象する[3]．たとえば，運動表象は，関節の位置の変化ではなく，つかむことを表象する．つかむことの表象は，関節の位置の変化の表象と三つの点で異なる．第一に，つかむことの表象は，手など様々な効果器が関わる関節の位置の変化に共通のものを捉える．第二に，つかむことの表象は，異なる文脈における関節の位置の同じ変化を区別しうる．たとえば，ある文脈でつかむことになる関節の位置の変化は，別の文脈ではひっかくことになりうる．第三に，つかむことの表象のなかには，つかみ方を含む表象が存在する．たとえば，手でペンをつかむようにつかむことの表象や，手全体でつかむことの表象が存在する (Butterfill & Sinigaglia 2014, pp.121-122; Rizzolatti & Sinigaglia 2008, p.25).

本稿が提案する概念主義説によれば，行為概念だけでなく運動表象も概念的である．しかし，運動表象の内容はきめ細かく，一見したところ概念的であるようには思われなかった．きめ細かいという性質と概念的という性質は両立するだろうか.

この問いに本稿は両立すると答える．なぜなら，運動表象の内容は，小口が挙げる概念性の四つの基準を満たすからである.

合成性原理によれば，ある内容が概念的であるためには，その構成要素が別の内容の構成要素にもなりうるのでなければならない．つかみ方を含む運動表象は，複雑な構造（ペンをつかむようにつかむなど）を持つ．そのため，たとえば，「ペンをつかむようにつかむ」という内容の「つかむ」という構成要素は，「手全体でつかむ」という内容の「つかむ」という構成要素にもなる．よって，運動表象の内容は，合成性原理を満たす.

認知的意義の原理によれば，ある内容が概念的であるためには，その構成要素が何らかの提示様式として，つまり，意義のレベルで，知覚者に与えられなければならない．運動表象は，行為の単なる運動学的特徴（関節の位置の変化など）ではなく，行為という結果（つかむという行為など）を表象している．そして，運動学的特徴と行為という結果との区別は，意味と意義との区別に相当している．なぜなら，運動学的特徴はその運動の主体である生物と独立に成立するが，行為という結果はその行為の主体であるそれぞれの生物に相対的だからである．たとえば，関節の位置の変化はその運動の主体である生物とは独立に座標系などを使って数理的に記述できるが，つかむと

いう行為はその行為の主体であるそれぞれの生物に相対的な仕方でつかむ行為として分類されたものである．よって，運動表象の内容は，認知的意義の原理を満たす．

指示決定性の原理によれば，ある内容が概念的であるためには，主体がその内容の対象を同定できなければならない．行為者は，運動表象の対象である行為という結果を同定できる．よって，運動表象の内容は，指示決定性の原理を満たす．

力からの独立性の原理によれば，ある内容が概念的であるためには，その内容が力と独立に個別化されうるのでなければならない．運動表象の場合，ある一つの運動表象の内容に対して異なる態度をとれるなら，運動表象の内容は力からの独立性の原理を満たしていることになる．そして，行為者は同一の運動表象の内容に対して意図以外の態度（信念など）をとれるだろう．たとえば，行為の際の現れを伴う想像をしているときには，運動表象に意識的にアクセスできる（Mylopoulos & Pacherie 2019, p.6），つまり，運動表象に対して信念などを持つことができるという考えがある．2節で述べたように，元バスケットボール選手がシュートを打つことを想像する仕方などがこの想像の仕方に該当するのだった．よって，運動表象の内容は，力からの独立性の原理を満たす．

以上から，運動表象の内容は概念的である．そして，2節で説明したように，運動表象は，運動表象に特有の処理から，非命題的でもあると考えられている．

6. おわりに

本稿は，接続問題に対する解決策として，概念主義説を提案した．接続問題とは，非命題的な形式の運動表象と命題的な形式の意図がどのように結びついているかという問題だった．概念主義説は，同一形式説に大きく依拠していた．

同一形式説は，運動表象の形式だけでなく，意図の構成要素である実行可能な行為概念の形式も非命題的なので，運動表象と意図は結びつくと答える．この答えに対して，本稿は，非命題的なもののなかにも様々なものが含まれているので，接続問題を解決するためには，行為概念と運動表象の形式が非命題的だと指摘するだけでは不十分だと批判した．

そして，行為概念と運動表象の形式は非命題的かつ概念的であると主張する概念主義説を提案した．概念主義説の障害になったのは，行為概念は非命題的だが概念的なのでもし絵のようにきめ細かい運動表象が非概念的だとし

たら行為概念と運動表象の間に接続問題が残ることだった．この障害に対して，本稿は，知覚の哲学における概念主義の議論を援用して，運動表象の内容は小口が挙げる概念性の基準を満たすので概念的だと答えた．

　本稿を通じて示したのは，運動表象がそこまで低次ではないことである．接続問題が問題に見えたのは，意図の命題的な形式と比べて，運動表象の非命題的な形式が非常に低次なので，それらの間に断絶があるように感じられたからである．しかし，それは誤解である．5.2で説明したように，運動表象は概念的であり，命題的な形式の萌芽が見られる程度には高次だからである．この事実にひとたび気づけば，接続問題は問題ではなくなる[4]．

注

1. 「the motor schema solution」という名称はM・マイロポウロスとE・パシェリーによる (Mylopoulos & Pacherie 2019, p.8)．また，接続問題の解決策は他にButterfill & Sinigaglia (2014) やBurnston (2017) やShepherd (2019) などがある．
2. フェレッティとカイアーニによれば，ここでの「概念」とは，表象機能を持った心理学的存在者であるだけでなく，命題の構成要素でもある (Ferretti & Caiani 2019, p.326, n.1)．
3. 運動表象が行為という結果を表象していることは，ニューロンの放電などに基づいて確かめられている (Butterfill & Sinigaglia 2014, pp.122-124)．
4. 柏端達也氏，加藤龍彦氏，鈴木雄大氏，中崎紘登氏，丸山望実氏，柏端院ゼミの方々，行為論勉強会の方々，日吉哲学倫理学研究会の方々，二名の査読者の方々から有益なコメントをいただいた．

参考文献

Brozzo, C. (2017), "Motor intentions: how intentions and motor representations come together," *Mind & Language* **32**(2), 231-256.

Burnston, D. C. (2017), "Interface problems in the explanation of action," *Philosophical Explorations* **20**(2), 242-258.

Butterfill, S. A. & Sinigaglia, C. (2014), "Intention and motor representation in purposive action," *Philosophy and Phenomenological Research* **88**(1), 119-145.

Crane, T. (1992), "The nonconceptual content of experience," in Crane (ed.), *The Contents of Experience: Essays on Perception*, Cambridge University Press, 136-157.

Decety, J., Jeannerod, M., & Prablanc, C. (1989), "The timing of mentally represented actions," *Behavioural Brain Research* **34**(1-2), 35-42.

Della Sala, S. (2005), "The anarchic hand," *The Psychologist* **18**(10), 606-609.

Ferretti, G. & Caiani, S. Z. (2019), "Solving the interface problem without translation: the same format thesis," *Pacific Philosophical Quarterly* **100**(1), 301-333.

Gunther, Y. H. (2003), "General introduction," in Gunther (ed.), *Essays on Nonconceptual Content*, The MIT Press, 1-20.

Jeannerod, M. (2001), "Neural simulation of action: a unifying mechanism for motor cognition," *NueroImage* **14**(1), S103-S109.

———. (2006), *Motor Cognition: What Actions Tell the Self*, Oxford University Press.

Matthen, M. (2005), *Seeing, Doing, and Knowing: A Philosophical Theory of Sense Perception*, Oxford University Press.

Mylopoulos, M. & Pacherie, E. (2017), "Intentions and motor representations: the interface challenge," *Review of Philosophy and Psychology* **8**, 317-336.

———. (2019), "Intentions: the dynamic hierarchical model revisited," *Wiley Interdisciplinary Reviews: Cognitive Science* **10**(2), e1481.

Prinz, J. J. (2002), *Furnishing the Mind: Concepts and Their Perceptual Basis*, The MIT Press.

Pylyshyn, Z. W. (2007), *Things and Places: How the Mind Connects with the World*, MIT Press. 〔『ものと場所—心は世界とどう結びついているか』, 小口峰樹訳, 勁草書房, 2012年.〕

Rizzolatti, G. & Sinigaglia, C. (2008), *Mirrors in the Brain: How Our Minds Share Actions and Emotions*, Anderson, F. (trans.), Oxford University Press.

Shepherd, J. (2019), "Skilled action and the double life of intention," *Philosophy and Phenomenological Research* **98**(2), 286-305.

小口峰樹 (2013), 「知覚経験の概念性と非概念性」, 東京大学, 博士論文.

(慶應義塾大学, 高崎経済大学)

自由応募論文

証言的正義の徳から変容的な徳へ

佐藤邦政

Abstract

This paper proposes a transformative virtue that counteracts testimonial injustice by responding to two critiques of the virtue of testimonial justice. First, I demonstrate that self-reflection can function in more varied ways than the direct detection of one's own prejudices, as previously assumed in the literature. Hence, self-reflection can holistically be effective in neutralizing the influence of one's prejudices on one's beliefs. Second, I propose a virtue that encourages epistemic agents to be epistemically acute enough to experience dissonance between perceiving a particular testifier (who is talking in person) as trustworthy and having biased beliefs about the testifier's trustworthiness: transformative virtue. Third, I argue that the development of a proper indirect contact theory with relevant epistemic practices can offer epistemic environments that facilitate people's critical imagination to cultivate a transformative virtue, considering the risk of victimized epistemic agents' vulnerability.

1. はじめに

ミランダ・フリッカーは，*Epistemic Injustice* で提示した証言的不正義（testimonial injustice）に抵抗する手段として，個人が証言的正義の徳（virtue of testimonial justice）を涵養することを提案している（Fricker 2007, Chap. 4）．証言的不正義とは，大まかには，人種，民族，階級，社会階層，国籍，ジェンダー，セクシュアリティなど社会的アイデンティティに対する偏見的ステレオタイプ[1]のせいで，聞き手が話し手の信用性（credibility）を不当に評価

2022年3月31日投稿，2023年2月11日再投稿，2023年6月20日審査終了

する不正のことである．フリッカーによれば，証言的正義の有徳者は偏見的ステレオタイプを何らかの仕方で中和する（neutralize）．個人が知的徳を発揮することで不正義が是正されるとする考えは，認識的不正義に類似する現象にかんする以前の研究（e.g., Collins 1990）では見られなかった徳認識論を踏まえるもので，フリッカーは不正義の是正に対する徳論的なアプローチの可能性を提示している．しかしその一方で，証言的正義の徳という考えは，その後の研究で批判を受けている．

　本稿の目的は，証言的正義の徳に対する二つの重要な批判を評価し，その批判に応えうる形態として変容的な徳を提案することである．具体的には，まず，フリッカーの証言的正義の徳の特徴を明確にし，その徳に対する二つの批判—個人の自己反省の役割と個人徳が果たしうる役割の限界に対する批判—を明らかにする（第2, 3節）．次に，一つ目の批判に応答して，自己反省は偏見に直接向けられる種類に限られず，多様な対象に向けられうることから，総体的に偏見の中和に役立つことを明らかにする（第4節）．さらに，自己反省による正義の実現という考えが不正義に駆り立てるのは部分的にすでに悪徳をもつ者であるだろうと論じたうえで，善意ある人々に自己反省で求めうる徳の目標は，個々の話し手を前に不協和を経験することで「私はこの話し手にどうあるべきなのか」という個別的な正義の構想を熟慮するよう促されることだと論じる（第5節）．この徳は「変容的な徳」と呼ばれる．最後に，二つ目の批判に応答し，変容的な徳を促す環境や制度として，不正義の加害者との直接接触に伴いうる傷つきやすさに配慮し，人々が個々の場面で正義の構想を思い描く批判的な想像力を育めるような間接接触と適切な認識実践を組み合わせた条件を提案する（第6節）．

2. 証言的正義の徳

　はじめに，証言的不正義の主要な特徴を必要な限りで明らかにしよう．証言的不正義の中心事例は，話し手の社会的アイデンティティに対する偏見的ステレオタイプのせいで聞き手が話し手の信用性[2]を不当に評価し，その話し手の証言者としての能力を貶める，というものだ（e.g., Fricker 2007, 28）．フリッカーが事例として挙げる映画『リプリー』の一場面をもとに確認しよう．造船業の大富豪ハーバート・グリーンリーフは，イタリアで放蕩生活を送っていた息子のディッキーを連れ戻そうとして，トム・リプリーにそのことを依頼する．しかし，リプリーがディッキーを訪れてから数日後のある日，ディッキーは忽然と姿を消す．ディッキーの婚約者で，ディッキーとともにリプリーを迎えいれて三人で数日過ごしてきたマージ・シャーウッドは

「リプリーがディッキーを殺したのではないか」と疑う．ある日マージは，ディッキーが「生涯，外さない」と誓ってくれていた指輪をリプリーの部屋で発見したことから，自分の疑いが正しいと確信する．やがて，マージがグリーンリーフ叔父と会う機会が訪れ，彼女がディッキーの失踪の原因について述べようとすると，グリーンリーフは，女性はこのような事件に首を突っ込まないほうが身のためだと考えて「女の勘とは別に，事実というものが存在するのだよ」と言って諭す．しかし実際には，マージが怪しんだ通り，ディッキーを殺したのはリプリーなのだった．この物語の舞台は1950年代であり，グリーンリーフは当時のジェンダー・ステレオタイプ，具体的には「女性」に対して「直感に頼りすぎていて合理性に欠ける」という見方を効果的に発動させており，そのせいでマージの信用性を著しく低く判断している．その結果，マージはグリーンリーフから深刻な証言的不正義を受けている．

　現在の証言的不正義の二つの重要な特徴を確認しよう．第一に，この証言的不正義は偏見的ステレオタイプに起因するものであり，このステレオタイプは特定の社会的アイデンティティに対するイメージの形態を取るため，その所持者自身が気づかないうちに証言的正義を犯していることがある．現在の社会心理学や関連する哲学研究では，ステレオタイプは潜在的バイアスとして非反省的に機能しうることが指摘されている（e.g., 北村・唐沢（編）2018; Madva and Brownstein 2018）．偏見的ステレオタイプがこのような仕方で話し手に対する信用性判断に影響を与えているなら[3]，聞き手は無自覚のうちに証言的不正義を犯していることがありうる．この種類の証言的不正義は，古典的レイシズム（old-fashioned racism）[4]が社会で広く批判され，「人はだれでも平等である」といった平等主義的価値が広く受容されている状況でも問題となりうる（Fricker 2007, 36）．今後断りのない限り，非反省的に働く否定的イメージとしての偏見的ステレオタイプを「偏見」と略記し，所持者が反省的にアクセス可能な信念の形態での偏見を「偏見的信念」と呼ぼう．

　第二に，偏見は特定の時代の社会規範や制度に浸透していることがあり，認識主体も社会的・歴史的に位置づけられている人物であることから，自分自身の偏見に気づくのが難しいことがある．[5]たとえば，育児のための支援制度が十分に整っていない社会で子どもを授かったカップルが自分たちで子どもの世話をしないといけないと思っている．[6]その社会では男性の平均賃金が女性のそれよりも高く，男性の育児休暇がないのが当たり前である．あるとき，そのような社会で育ち暮らす男性パートナーが「お金のことは気にしなくていいよ」というパターナリスティックな言葉を相手の女性に悪気なくかけたりすることで，女性はたとえ強制されていなくても「子育てするのは自

分しかいない」と思い，休職したり，場合によっては会社を辞めるといった選択を自らするかもしれない．このケースは「女性の仕事の効率は悪い」や「子育ては女性がする」といったジェンダー偏見が社会規範や会社の雇用制度に浸透しているだけではなく，そのような社会的状況で育ち暮らす認識主体（の思考のあり方）がその偏見によって構築されている場合である．

では，偏見的イメージに影響を受けた信用性判断を行うことで証言的不正義を犯すリスクに対してどのような対応がありうるのだろうか．フリッカーは徳認識論を踏まえて，個人が証言的正義の徳を涵養するという考えを提案する.[7] 徳認識論とは，「知的徳」という認識的行為者の卓越した諸特性を踏まえて，正当化や知識の定義といった伝統的問題に取り組んだり，あるべき認識実践のあり方を検討したりする分野である．知的徳についての主要な考え方は，徳信頼性主義と徳責任主義に大別される．徳信頼性主義では，知的徳の対象は知覚能力，記憶能力，推論能力などであり，一般に，これら認知能力が信頼性の高い仕方で真理を生みだす場合，知的徳と見なされる．徳責任主義では，知的徳はオープン・マインドや知的謙虚さといった人の性格特性であり，一般に，真理や知識獲得に動機づけられて特徴的なパフォーマンスを発揮する場合，その性格特性が知的徳と見なされる．

証言的正義の徳は，卓越した性格特性をもつ認識主体が偏見を信頼性の高い仕方で中和するものとして特徴づけられる．

> 聞き手が，部分的には偏見のせいで話し手の信用性判断を低くしていたことに気づけば，その信用性を上方へ訂正して補填することで修正することができる．あるいは，私たちに可能なのは，今までよりも信用性判断に幅をもたせ，一時的なものとすることぐらいなのかもしれない．信用性を判断するという作業の全体があまりに不確定な場合には，そもそも判断を控える必要があるだろう．（中略）いずれにしても，信用性を適切に補填することによって偏見の影響を「修正する」というのはいつでも可能であるとは限らないため，有徳な聞き手は，あれやこれやの仕方で自分の信用性判断における偏見の影響を中和すると言うことにしよう．（Fricker 2007, 91-92）

偏見それ自体を直接修正することが可能ならそれが最善ではある．しかし，本節冒頭で確認したように，偏見は認識主体が自覚していなくても機能しうるばかりか，社会的・歴史的に位置づけられた主体の思考のあり方を構築さえしうるために，その主体が偏見を直接修正することは必ずしも期待で

きない．フリッカーはこのことを踏まえて，証言的正義の徳の目標は偏見を中和することだと述べる．「中和」とは，たとえば，証言のやり取りを通じて聞き手が，話し手に対する信用性判断を疑わしく感じた場合にはその場で判断の幅を柔軟に変えたり，一次的に上げ下げしたりすること，あるいは，どの程度信用してよいのかわからない場合には判断をひとまず保留にしたりすることである．証言的正義の有徳者は，たとえ偏見を直接修正できなくても，以上のような仕方で偏見に満ちた信用性判断に対処し，信頼性の高い仕方で偏見の影響を中和できる人物とされる．

　証言的正義の徳には，徳認識論における知的徳の基本的特徴を踏襲しながらも，それと異なる二つの重要な特徴がある．第一に，認識主体を社会的・歴史的に位置づけられている人物とする説を踏まえて，証言的不正義に抵抗する徳の目標が偏見の直接的な修正だけではなく，様々な仕方で偏見を中和することも想定されていることだ．この点は，第四節で詳述する，偏見を中和しうる多様な自己反省のあり方にかんする議論の前提となる．

　第二に，知的徳が抑圧や不正といった機能不全に陥っている認識実践の是正を目的とする点では抑圧に抵抗する解放的徳 (liberatory virtue) にかんするフェミニスト哲学の考え方と類似性があることだ (Daukas 2018)．しかし，重要な相違点もある．それは，解放的徳は基本的に抑圧の被害者が発揮するものであることが想定されているのに対し，証言的正義の徳の所持者は証言的不正義の被害者に限られていないことである．フリッカーは証言的不正義について，社会的・歴史的に位置づけられた善意の (well-intentioned) 主体が気づかぬうちに犯す場合を想定している．「私たちが探究してきたのは，偏見の残る社会的イメージが広まっているなかで行われる，善意の聞き手による日常の実践である．というのも，このような日常の実践こそが，もっとも気づかれにくく，哲学的に複雑な形をした証言的不正義が見出される社会的文脈だからである」(Fricker 2007, 58)．そのため，証言的正義の徳の所持者は，自分の偏見に気づけばそれを中和しようとする善意の人物であることが想定されている．

　それに対して，家父長制における性役割規範を押しつけられ周縁化されている女性など，証言的不正義を含む様々な抑圧の被害者は，深刻な心理的害などのせいで，抑圧からの解放を目指すために重要な道徳的徳や知的徳の獲得を不当に妨げられている場合がある (Tessman 2005)．さらには，加害者に対する抵抗は二次被害を誘発するリスクもあるし，権力者の不正義に立ち向かうことでかえって反動化し抑圧を深刻化させうることもある．このことから，社会的に力のない被害者は目前の抑圧状況を生き延びるために，通

常，悪徳と見なされる卑屈さ（servility）を発揮せざるをえない場合もある（e.g., Battaly 2018）．仮に被害者が何らかの抵抗としての徳を示すためには，第二派フェミニズム運動において実践されてきたような，被害者同士が連帯し，物理的・知的に安全な環境で批判意識を高め，エンパワメントするコンシャスネス・レイジングが必要であると思われる（e.g., Medina 2013）.[8]このような被害者の視点からの証言的不正義に抵抗する徳のあり方全般の議論については，フリッカーの議論と別に丁寧に行われる必要があるだろう．

3. 証言的正義の徳に対する二つの批判

先行研究では，証言的不正義を是正するため証言的正義の徳を発揮するというフリッカーの考えが批判されている．本節では，二つの主要な批判を評価し，それらの批判に応答するために検討するべき問いを明確にする．

一つ目の批判は，証言的正義の徳における個人の自己反省の役割に対するものである．批判者であるシャーマンの議論をより細かく分析すると，さらに二つに大別できる．一つ目の批判点は，個人の自己反省では偏見的ステレオタイプを見逃しやすく，そのため，不正義の是正に役立たないというものだ（Sherman 2016, 237-8）．以下では，この批判を「批判Ⅰ①」としよう．シャーマンは，1960年代の公民権運動の潮流のなかで白人至上主義を標榜したクー・クラックス・クラン（KKK）[9]という黒人差別集団の幹部（the Grand Cyclops）の（架空の）事例で例証する．KKKの幹部のような人物でも「自分が正しい判断を行っているか」と自問する内省的な人物であることは十分にありうる．「KKKの最高幹部が自分のステレオタイプの見解について考察し，これが正義かどうかと自問するとき，彼は証言的正義についての自分の考えをステレオタイプ化された自分の見解への自分の反応と突き合わせて，ぴったり一致することを見出す．その結果，この幹部が反省するとき，自分の偏見的反応を証言的正義の事例と見なし，それを再確認し，それを誇らしく思うのだ」（Ibid., 238）．このように，個人がどれほど反省しても，自己反省だけでは潜在的バイアスとして機能する偏見が信用性判断に与えている影響は見逃されやすく，偏見的な信用性判断は正しいものとして見なされやすい．このことは，白人至上主義テロリスト集団のKKKの幹部のような露骨に偏見をもつ人物に限らず，一般的に当てはまるだろう．「あなたの不正義の信念と反応の詳細は〔KKKの〕幹部のものほどには極悪ではないかもしれない．しかし，それでも〔客観的に見ると〕自分の不正な信念と反応を真理と適切さにかんする自分の考えと比較し，（わずかな例外はあっても）自分の不正な信念がそれらと一致するのを見出す」（Ibid.;〔 〕内引用者補

足）．

　第二の批判点は，証言的正義が個人の自己反省によって達成可能とする考えは不正義の是正にとって逆効果でありうる，というものである．以下，この批判を「批判Ⅰ②」としよう．たとえば，コロナ禍に現れた自粛警察が偏った正義感からオンライン上でヘイトスピーチを行った事例や，ヒトラーが歪んだ正義を信奉してユダヤ人の大虐殺を行った歴史的事例を考えれば，自己反省だけで正義を把握し，それを実現できるとする考えは，一部の人々を自分の歪んだ正義の構想に対して盲目にし，そのような構想と合わない判断や行為を不正なものと臆断させ，知的に傲慢な人物とさせうるだろう．「〔KKKの〕幹部が証言的正義を目指すとき，彼は自分の見解が誤っていることを示す証拠に気づくのに失敗するだけではなく，自分がその〔正義という〕目標を認識できると想定し，そう想定することで，自分が想像する基準に反する見解は認識的に不正なものだと見なしうると想定している」(Ibid.;〔　〕内引用者補足）．

　以上が批判Ⅰ①，②である．次に，証言的正義の徳に対する二つ目の批判を見てみよう．以下，この批判を「批判Ⅱ」とする．批判Ⅱは，証言的不正義に抵抗するために個人のもつ徳が果たしうる役割には限界があるというものだ (e.g., Alcoff 2010; Anderson 2012)．第2節で見たように，偏見はしばしば特定の時代に流布している社会規範や制度に浸透している．たとえば，『アラバマ物語』では，人口のほとんどを白人が占めるメイコム郡で，黒人のトム・ロビンソンが白人の娘ユーエルをレイプした容疑で起訴されている (Fricker 2007)．その法廷における陪審員は全員白人であり，被告人のトムが善意で白人のユーエルの雑用を手伝ったという彼の証言を，黒人が白人に敵愾心を示す不適切な発言と解釈している．ここで重要なのは，陪審員がもっている白人至上主義的な偏見はその時代の地域全体に蔓延しているもので，陪審員の誰か特定の個人が特有に所持しているわけではないことである．この事例のように，社会に蔓延する偏見のせいで生じる証言的不正義に対しては，個人の徳による抵抗は部分的なものに留まるだろう．

　以上の批判を整理しよう．批判Ⅰ①は，自己反省では信用性判断における偏見に気づくのが困難なため，それは証言的不正義の是正に役立たないというものである．批判Ⅰ②は，個人が自己反省で証言的正義が達成されると考えることは一部の人々を知的に傲慢にし，かえって不正義を助長しうるというものである．批判Ⅱは，証言的不正義への抵抗のためには個人の正義の徳の発揮だけでは不十分というものである．

　次節以降，各批判について検討する．中心的な問いは，個人の自己反省は

本当に偏見の中和に有効ではないのか（第四節），自己反省による正義の実現という考えが知的に傲慢にしやすいのはどのような人物であり，個人がもつべき徳の目標とは何か（第五節），そして，個人が変容的な徳を涵養するうえで重要な環境や制度とはどのようなものなのか（第六節）である．

4. 多様な反省のあり方と「再帰性」の解釈

　本節では，批判 I ①，すなわち，個人の自己反省は偏見の中和に有効ではないのかを考えよう．あらかじめ私の考えを述べるなら，自己反省はジャーマンが想定するような，偏見に直接向けられる種類に限られず，より多様な対象に向けられうることから総体的に偏見の中和に役立つ，というものである．

　第二節の議論を踏まえると，信用性判断は自動的に行われ，その判断に影響を与える偏見も潜在的に機能しうるため，自己反省は偏見を見逃しやすく，偏見を直接低減させるのに役立たないことが多いことは認められる．しかし，自己反省は偏見に直接向けられる種類だけではなく，少なくとも自分の社会的立ち位置（positionality）や対人関係性（relationality）に向けられる種類，「偏見をもっているかもしれない」という信念に向けられる種類，そして，話し手の証言内容それ自体に向けられる種類があり，これらの自己反省は偏見を直接低減させるのとは別の仕方で偏見の中和に貢献する．

　まず，自分の社会的立ち位置や対人関係性に向けられる反省を見てみよう．フリッカーは，証言的正義の徳が再帰的な徳であると述べている．フリッカーにとって「再帰性」は偏見それ自体に向けられる反省だけではなく，自分の社会的な立ち位置や対人関係性の自覚と，それらが話し手の態度に与える影響に向けられる反省を含む．『リプリー』の事例で証言的不正義を犯すグリーンリーフについてフリッカーは次のように述べる．

　　グリーンリーフがマージに懐疑的な応答をする際に考慮し損ねているのは，自分が男であるということによって，マージが女性であることが自分の証言的知覚にどのような違いをもたらすのか，ということである．以上の二つの事例は，責任ある証言的やり取りを行うためには，はっきりと再帰的な，批判的な社会的気づきが求められることを証明している．聞き手は，自分自身と話し手のあいだに介在するアイデンティティの力関係が自動的知覚に与えることが見込まれる影響を―そして可能なら，話し手の実際のパフォーマンスに与える影響も―，最終的な信用性判断に組み込まなければならない．（Fricker 2007, 91）

　グリーンリーフはマージのことを気遣っているにもかかわらず，彼にはその時代に「自分が男である」ということが女性に対してもつ社会的優位性に対する自覚が不十分であり，その優位性のせいでマージを不利な立場に追いやっていることへの警戒心も見られない．もちろん，自分の特権的な社会的な立ち位置や対人関係性が話し手の証言的態度にどのような影響を与えるのかは，自己反省によって完全に把握できるとは限らない．それでも自分の社会的立ち位置や対人関係性をあらかじめ十分に自覚的であることで，社会的に力のない話し手を追い込んだり沈黙化させたりしているかもしれないリスクに警戒することは可能だろう．このような自己反省は，自分の信用性判断を再考しうる点で偏見の中和に役立ちうる．

　次に，「偏見的ステレオタイプをもっているかもしれない」という信念に向けられる反省について見てみよう．ここで，対象レベルの無知——一階の無知 (first-order ignorance) ——とメタレベルの無知——メタ無知／メタ鈍感さ (meta-insensitivity) ——という区別を導入する (Medina 2013, 58)．一階の無知とは，ある真理や知識が欠如している状態のことである．たとえば，『アラバマ物語』における白人陪審員は，自分が所持している人種差別的偏見について無知である．一方，メタ無知とは「自分の偏見に無知かもしれない」という命題に考え及ばないという意味で信念の形態で自覚していない意味での無知である．白人陪審員は，自分が所持し発揮している人種差別的偏見に気づいていないという意味で一階の無知であっただけではなく，自分がそのような偏見を所持したり発揮したりしているかもしれないという命題に対しても無知である意味でメタ無知である．

　偏見に対する一階の無知にかんしては，偏見が潜在的に機能しうるために，その所持者が自己反省によって気づくのは難しいだろう．それに対して，「自分が偏見を所持していたり発揮していたりするかもしれない」という命題に対しては，本人でも自己反省で自覚し，信念として心理的に強く意識しながら保持することができる．たとえば，『アラバマ物語』における白人陪審員は「自分が人種差別的偏見に無知なのかもしれない」という命題に対して反省を向けることができたはずで，そうしていれば，トムの証言をいっそう注意深く受容しようとすることはできたように思われる．そして，陪審員は公正な判断を下すべき社会的立場にある認識主体であり，メタ無知に警戒する義務があると思われる．この種の自己反省も偏見を直接低減させるのとは別に，主体に自分の偏見的な信用性判断に注意を向けさせ，これまでと異なる柔軟な判断を下させることによって偏見の中和に貢献しうる．

　第三に，話し手の証言内容それ自体に自己反省を向けることで，証言を受

容する態度をもつことが可能である．受容の定義は研究者によって異なるが，おおよそ，ある命題や理論を真と見なすことを意味する (e.g., Cohen 1992; Engel 1998; Van Fraassen 1984)．たとえば，コーヘン (Cohen 1992, 4) によれば，ある命題を受容するとは，その命題を真と見なしたり，真であると措定したりすることであり，命題の受容は特定の主張を論証する際に前提として採用されるなど，特定の目的の遂行のためになされうるものである．このように，受容は信念形成と異なるもので，信念形成が個人の意志でコントロールしえないと想定されるのに対して，受容は認識主体が意志的にコントロールされうる (Engel 1998, 146-7)．たとえば，『リプリー』の事例においてグリーンリーフは，マージから「ディッキーはリプリーによって殺害された」という可能性を告げられるとき，彼女の証言は自分の諸信念と不整合であるためにその場では彼女の証言を信じないとしても，その証言を受容することは一時的でも意志的に可能であっただろう．実際グリーンリーフはミソジニストであるわけではなく，パターナリスティックであってもマージに同情を寄せる人物なのだから，マージに証言させる十分な機会を与え，その証言を受容したうえで「もしマージの語ることが真であるならば，ほかの自分の信念とどのような矛盾が生じるのか」について熟慮することができただろう．このような熟慮をしていたら，グリーンリーフはリプリーの証言から形成していた諸信念まで反省し，彼の何らかの言動に一抹の怪しさを感じ，リプリーの信用性を疑う可能性も十分にあったと思われる．この事例は，話し手の証言に対する自己反省も話し手に証言する機会を与えたうえで，その内容を受容することで偏見の中和につながりうることを示している．

　以上から，自己反省は，シャーマンが批判Ⅰ①で想定するような偏見に直接向けられる種類だけではなく，多様なものがあり，複数の種類を組み合わせて発揮することもできる．フリッカーは「再帰性」を自分の社会的立ち位置や対人関係性に向けられる反省と限定的に理解しているように思われるが，私は，証言的不正義に抵抗しうる徳が示す再帰的思考は，以上の豊かな自己反省のあり方を指示する概念として拡大的に理解する．再帰的思考は，証言を受容する際にあれやこれやの仕方で自己反省することで偏見の中和に役立ちうるのである．

5. 変容的な徳

　本節では，批判Ⅰ②，個人が自己反省で証言的正義が達成されるという考えはかえって不正義を助長しうるという批判を取りあげよう．批判Ⅰ②でシャーマンは，KKKの幹部の事例の犯す証言的不正義を一般的な人々の

ケースに適用したうえで，個人が自己反省で正義を把握し達成できるという
考えは人々を知的に傲慢にしやすいと論じていた．しかし，そうなりやすい
傾向にあるのは一部の人々であり，それは何らかの認識的悪徳（epistemic
vice）をすでにもつ人物であると考えられる．メディナは，特権をもつ人々
がもちがちな認識的悪徳について論じている（Medina 2013）．たとえば，傲
慢さ（arrogance）とは，特権をもつ人々がイエスマンばかりの周囲の人々に
おだてられているうちに，あたかもすべてを知っているかのように錯覚する
ことであり，怠惰（laziness）とは，自分の優位な社会的立場や対人関係性の
せいで，他者の異なる意見に受け流したり耳を傾けないで済んでしまったり
することであり，閉じたマインドとは，自分に不都合な証拠を見て見ぬふり
をしがちであることである．このように，悪徳者とは「特定の一部の知識が
欠けているだけではなく，一連の無視を生みだし，その維持を助長する認識
的態度と習慣をもつことに対しても非難されうるような主体である」（Medina
2013, 39）．

　悪徳の認識主体は，自分に都合の悪いことが自動的に見えなかったり聞こ
えなかったりする知覚的判断や，都合の良い証拠にしか注意を払わない思考
習慣をもっているため，自分が行っていることは正義だと傲慢に考えやすい
だろうし，その人々がKKKの幹部のように，ある社会的グループの権力を
もつ立場にあるなら，その人をたしなめる人物もいないだろう．たとえば，
『アラバマ物語』における白人陪審員は，トムの証言を「黒人が白人に敵愾
心を示す不適切な発言」として解釈していたが，実際にはトムに好意を抱い
ていたのは白人の娘ユーエルのほうだった．しかし，「白人が黒人に好意を
抱いている」という解釈は，白人至上主義の蔓延した片田舎のメイコム郡で
特権的な社会的立場にいる陪審員が真剣に考慮するものではなかった．これ
は，陪審員がトムの証言を故意に歪曲したということではなく，すでに白人
至上主義の偏見に染まっている限り，トムの証言を異なる仕方で受けとる可
能性は陪審員にはなかった，ということだろう．その証拠に，同じ法廷にい
たアティカス・フィンチの娘スカウトはまだ幼いゆえに白人至上主義のイデ
オロギーの社会化から幾分免れていたために，審理が進むなかでトムの証言
に嘘があるとは彼女には思えなかったと述べられている（リー 1964, 272）．

　上記の事例は，個人の自己反省で証言的正義が達成されうるという考えが
知的に傲慢にしがちなのは，おそらく悪徳に片足を突っ込んでいる主体だろ
う，ということを示唆している．すでに悪徳をもつ人々が再帰的思考による
偏見の中和を行うことを期待するのは難しく，バタリーが論じるように，あ
る種の更生が必要かもしれないし（Battaly 2016），メディナが論じるように，

悪徳をもつ特権者に対しては何らかの抵抗を示す対応が必要かもしれない（Medina 2013）．それに対して，第二節で見たように，フリッカーが想定している証言的不正義は，善意ある人々が潜在的な偏見的イメージのせいで犯す種類のものである．このような人々は，自分の偏見のせいで犯した証言的不正義に何らかの仕方で気づきうるなら「偏見を是正すべき」という規範理由をもち，様々な自己反省をするよう促されうると想定できる．もちろん，善意の人々と悪徳者の違いはグラデーションを許すものだろう．しかし，証言的不正義に抵抗する人々も社会的・歴史的に位置づけられた認識主体である以上，証言的不正義への抵抗という実践的関心から見て認識主体がどのような人物なのかは十分に考慮されるべきことだと考えられる．

　では，善意ある人々が自己反省によって発揮する個人の徳の目標として期待でき，求めるべきことは何だろうか．それは，一切の偏見のない信用性判断を行うことではなく，たとえ偏見をもっていても個々の話し手を前に不協和を経験するなかで，個別的な正義の構想，すなわち，「私はこの話し手にどうあるべきなのか」を熟慮しようと促されることであると考えられる．以下では，このような人物が示す証言的不正義に抵抗するための有徳性を「変容的な徳」と呼ぶ．

　話し手との証言のやり取りの経験を通じて自分のなかで不協和を感じることがどのようなことなのかを見るために，『ハックルベリー・フィンの冒険』の事例を挙げよう．主人公のハックは逃亡者の黒人青年ジムと出逢い，旅中をともに過ごすなかでハックの眼にはジムが信用できる人として映るようになる．その一方でハックは，ジムが奴隷の法的所有者のもとから脱走しており，ジムを匿うことは逃亡ほう助の罪に問われるという世俗的信念をもっている．結局，ハックは葛藤した末にジムを警察に引き渡さなかった．フリッカーによれば，ここでハックは，曇りのない道徳的な知覚能力と偏見的信念のあいだの衝突が不協和を示している（Fricker 2007, 40-1）．しかし，この不協和は，個人が話し手の証言を受容し，その内容を吟味したり，目の前の話し手と証言のやり取りをしたりするうちに生じうるずれや違和感といったことにも言えるだろう．ここで不協和は，主体が目の前の話し手の証言を誠実に受容し自己反省するなかで話し手を信頼できる人と見なす一方，その証言内容はこれまで信用してきた周囲の人々からの証言的信念と衝突することで，何を信じるべきなのか，あるいは，目の前の話し手に自分はどうあるべきかについて自分でも戸惑いながら熟慮することで生じている．

　個々の話し手を前に不協和を経験するなかで自分の既存の正義の構想を熟慮しなおそうとする態度は，認識主体としての個人の利害関心や価値が変容

していることを示している．ここで，個人の利害関心や価値の変容を明確にするために，必要な限りでローリー・A・ポールの変容的経験論を参照しよう（Paul 2014）．ポールは，個人が自己のアイデンティティを変える経験を「変容的経験（transformative experiences）」と呼ぶ．ポールによれば，変容的経験とは認識的変容と個人的変容の両方をもたらす種類の経験である．認識的変容とは，私たちがそれを経験することで初めて知ることができる知識，すなわち，「どのようなものなのかの知識（what-it-is-like）」の種類をもつことである．次に，個人的変容とはその個人自身の価値や選好などが変わることである．たとえば，Aさんは子どもに催促されて，公園で捨てられていた犬を家でペットとして飼うようになる．Aさんはそれまで，動物の世話は大変であり，自分の自由な時間まで奪われると信じていたかもしれない．この時点のAさんは家族で捨て犬を拾って飼うという子どもの提案をしぶしぶ受け入れているが，動物と暮らすことにポジティブな価値を与えているわけではない．しかし，実際に犬と一緒に生活し始めると，Aさんは夜遊びをやめ，会社を定時に帰宅しては犬の散歩などの世話を行うようになり，さらには，熱心に犬の面倒を見る子どもに感化されて捨てられたペットの保護活動へ関心が芽生えたとしよう．この場合，Aさんは動物と一緒に暮らすとはどのようなことなのかという経験をすることで認識的変容だけではなく，自分の利害関心や価値（動物と暮らすことに対する無関心や低い価値）を変容させている．

　変容的経験についての以上のポールの考えを踏まえるなら，話し手との証言のやり取りの経験を通じて自分のなかで不協和を感じることは，目の前の話し手がどのような人物なのかを経験を通じて知り，自分の既存の利害関心や価値が揺らぎ，新たな価値づけを見出していると解釈することができるだろう．先ほどの『ハックルベリー・フィンの冒険』におけるハックがジムの証言を受容するなかで不協和を感じたとき，この不協和の経験は，黒人についての世間的な風説とは別の知識を獲得するだけでなく，目の前のジムに対して自分はどうあるべきなのかという個別的な正義の構想がハックにとって自分事になっている．このような不協和の経験はそれ自体で，今の自分が置かれている状況において個別の話し手にどうあるべきかが自分の認識的ニーズとなっているという意味で変容的経験である．

　第2節で述べたように，証言的不正義は往々にして偏見の歴史性や時代性，所持者の社会的地位やその所持者と被害者との関係性などに左右されて差異化された形態で生じうる．そのため，善意ある人々でも偏見の中和に安定して成功するとは限らない．むしろ，証言的不正義に抵抗する有徳者に求

められうるのは，先ほどのハックのように，話し手と証言のやり取りを行う
その都度の新たな場面で不協和を経験し，再帰的思考によって目の前の話し
手にどうあるべきなのかを熟慮するようになることだと考えられる．

　実際には，フリッカーも証言的正義の徳にかんする議論において「ひょっ
とすると，理想の聞き手とは，すでに馴染みのある偏見の修正は第二の本性
となっている一方，その他のもっと馴染みの薄い偏見の影響に必要な注意に
ついては，能動的な批判的反省を継続することで対処する人のことだと考え
るべきなのかもしれない」(Fricker 2007, 98) と述べている．ここでは，証言
的正義の有徳者は，第2節で確認したような，偏見の中和に信頼性の高い仕
方で成功する意味での正義の徳を所持する人物としてではなく，これまで馴
染みがなかったものの，今の自分に関連するものになった偏見について，そ
の偏見の中和を継続的に行う人物として描かれている．正義の徳を後者の意
味で理解するなら，その徳も個別の文脈で特定の話し手に誠実に接するなか
で正義の構想それ自体を問いなおし続けるものとして解釈することができる
かもしれない．

　以上から，証言的不正義に抵抗する徳として善意ある人々に期待でき，求
めるべきなのは，個々の話し手とのやり取りのなかで不協和を通じ，様々な
仕方で自己反省することで，個別の文脈で特定の他者に対してどうあるべき
なのかという個別的な正義の構想を熟慮するようになる，すなわち，そのよ
うな問いを認識的ニーズとする人物に変容する，ということである．これが
変容的な徳である．

　ところで，変容的な徳が証言的不正義に抵抗する徳であるという考えに対
しては，変容は目標とするべきことではなく，偶然の結果にすぎないのでは
ないかという疑問が生じるかもしれない．というのも，変容的経験はそれを
経験することで自分がどのような人になるのかを完全に見通すことはできな
いように思えるからである (Paul 2014, Chap. 3)．たとえば，先ほどのAさ
んは実際に犬と生活する経験をするまで，動物と暮らすことがどのようなこ
となのか具体的に想像できなかったばかりか，自分が動物の世話好きになる
とは露ほども思ってなかったかもしれない．

　たしかに個人的変容については変容的経験を通していかなる仕方で変容す
るのか明確には見通せるものではないだろう．しかし，このことから，新た
な価値を学ぶことを徳の目標とすることが非合理的だ，ということは帰結し
ない．カラードは，その時点では見通せなくても新たな価値を見出そうと希
求する (aspire) ことは可能であると論じ，そのような行為者を「希求者」
と呼ぶ (e.g., Callard 2019, 6-8)．たとえば，何かのきっかけでクラシック音

楽に関心を抱いた人は，まだクラシックの魅力がわからない段階でもクラシック音楽の雑誌を愛読し，コンサートに足を運ぶなどしてクラシック音楽の魅力を信念の形態で知ることはできる．もしこの人が結果的にクラシック音楽にそれほどの価値を見出さなかったとしても，クラシック音楽にかんする証言的知識を獲得することで，クラシック音楽への偏見的信念はなくなり，その魅力についての命題的知識を持つことはできるし，そうすればクラシック愛好家と共感をもって接することもできるだろう．そして「クラシックは価値がある」という信念をもっているなら，その人はクラシックの価値を希求し，それを学ぼうと自分を律することができる．[10]

　偏見の中和に伴う自分の利害関心や価値の変容についても同様なことが言える．聞き手が話し手と証言のやり取りを行うからといって，それだけでどの聞き手も自分の偏見を中和することの価値を理解する人物になるとは限らない．しかし，偏見の中和の価値を理解する人物となることと，偏見の中和が価値のあることだという命題的知識を獲得することは異なり，後者の知識を獲得することで，前者のような人物になろうと希求し，その価値を学ぶための認識実践に参加することはできる．そうして，「偏見の中和が価値のあることだ」という知識や，偏見の機能や不正義の実態にかんする一連の命題を知ることでそれらについて理解することはできる．このように，偏見の中和に向けて自分を変えようとすることは自分を教育するプロセスだろう．

6. 傷つきやすさへの配慮と批判的な想像力の育成へつなげる制度や環境

　本節では，批判Ⅱ，すなわち，「証言的不正義に対する抵抗のためには個人の徳の発揮だけでは不十分」という批判への応答を批判Ⅰ①，②への批判や応答を踏まえて検討する．不正義に対する抵抗のためには個人の徳の涵養だけではなく，適切な認識的制度や環境を用意する必要があることが先行研究で指摘されている（e.g., Anderson 2012; Battaly 2016; Porter 2016）．ポーターは，個人が知的徳を獲得するためのスタンダードな徳論的アプローチを，①徳の特徴を直接的で明示的な教示，②有徳者のお手本とかかわることでの称賛の感情，③有徳な振る舞いの訓練，④徳の内在化（enculturation）という四つの特徴をもつものとして整理している（Porter 2016）．[11]本稿は，徳の涵養や発揮のために適切な環境や制度の整備が必要であるとする点では以上の先行研究と基本的に同様の立場をとる．

　しかし，特徴②の前提については，証言的不正義の被害者が加害者と直接にかかわり合うことには大きなリスクがある．また，特徴③の前提についても，変容的な徳の涵養を考えるうえでは，偏見が特定の社会形態やその歴史

に応じて異なる仕方で発揮されることを人々が理解し，各自の不協和の経験から批判的な想像力の育成へつなげるためには，小説や映画のようなアート作品を用いることが有益であると考えられる．以下では，社会心理学における接触仮説理論の議論を参照することで，直接接触に伴う人々の傷つきやすさへの配慮と，批判的な想像力の育成という観点から，間接接触と適切な認識実践を組み合わせた条件について提案する．

オルポート（Allport 1954）がステレオタイプを低減させる方法として接触仮説理論を提唱して以来，この説は様々な職場や教育環境において効果が上がっていることが報告されている（e.g., 井上n2014; 北村・唐沢（編）2018, 第5章）．接触仮説理論とは，大まかには，偏見の主要因が人々の知識の不足にあり，当該の社会的アイデンティティをもつ人々と直接かかわること，すなわち，直接接触することにより偏見についての正しい情報を入手し，偏見を低減させることができるとする説である．

接触仮説理論が重要なのは，直接接触が偏見の低減という期待される効果をあげるためには以下のような条件が整っている必要があることを実証していることである．第一に，マジョリティの人々とマイノリティの人々が平等の立場で共通の目標に向けてかかわりあえること，第二に，お互いの特性を生かした共通の課題や仕事に取り組むこと，第三に，両者の接触が制度的なものとしてきちんと是認されていることである．このような条件が整っていなければ，直接接触は，社会的な力のない人々や不正の被害者を様々な仕方で傷つけるリスクがある．たとえば，職場でセミナーを開催する場合，専門家がオブザーバーとして参加していないと，たとえ参加者の悪意のない迂闊な発言であっても，その差別発言が被害者にガスライティングといった二次被害をもたらしうるだろう（McKinnon 2017）．さらに，話し手側が社会的な力のない人々や不正の被害者であり，聞き手側がマジョリティや権力者である場合，その聞き手が懐疑的な姿勢で臨み，被害者に共感的な理解を示さないとしたら，話し手は認識的に搾取されるかもしれない（Berenstain 2016）．

このように，不適切な直接接触には被害者を様々な仕方で傷つけるリスクがあるが，さらに，偏見の中和が期待される参加者も傷つけるリスクがある．たとえば，ある人が自分の偏見に気づけば中和したいと希求する善意ある者でも，自分の言動が被害者を傷つけるのではないか，あるいは，誤った言動を過度に非難されるのではないかと不安に感じ，そのようなリスクをとるよりは直接の交流を回避しようとするかもしれない．場合によっては，マイノリティに対する偏見を正しく理解しようとする善意が，内集団の権力者から「善人ぶった」行為として誤解釈されたり，レッテルを貼られたりする

ことで仲間外れにされることなどもあるかもしれない.

　認識主体としての私たちは身体をもつ存在である以上,証言のやり取りにおいても様々な情動や感情をもって他者と直接接触するのであり,そのせいで傷つくリスクがあるのだ.もちろん,『ハックルベリー・フィンの冒険』におけるハックとジムの事例のように直接接触が偏見の中和にうまく向かうケースもある.しかし,それは偶然にも適切な直接接触の条件が揃っていただけかもしれない.いずれにせよ,偏見の中和に向けた変容には様々な傷つきやすさが伴いうることを考慮に入れた制度や環境が重要となるだろう.

　近年,接触仮説理論においても,直接接触が人々に大きな緊張を与えることから間接接触という方法論が提案されている(井上 2014).変容的な徳の涵養を考えるうえで注目したい間接接触は,テレビのドキュメンタリー番組を見たり,実際にあった出来事のニュースを理解したりする方法論である.たとえば,アフリカのウガンダ共和国と日本にルーツを持つ高校生・三浦アークさんの事例(NHK 2020)では,黒人に対する勝手なステレオタイプから周りの生徒がアークさんをスポーツができると一方的に思い込み,彼女を運動部へ入部することをすすめたうえで,実はスポーツが得意ではない彼女の様子を見て彼女のことをからかうようになったとされる.次第にこのような態度がエスカレートし,たとえば日焼けをした同級生から「アークの(黒い)肌に近づいてきた」と言われたりするマイクロアグレッション[12]となり,アークさんは不登校になる.このメディアの事例を適切な環境で適切な仕方で取りあげることで,人々はマイクロアグレッションを引き起こす偏見や具体的な実態などについて,その被害者と直接接触することなく知る機会を得ることができるだろう.

　さらに,間接接触は直接接触で生じうるリスクを回避するだけではなく,人々が変容的な徳を獲得するうえで積極的な利点があると考えられる.アート作品は事例にかんする個別的で具体的なイメージを提供するため,人々が偏見の具体的事例についての命題的知識を獲得するだけではなく,あるべき正義の構想を思い描く批判的な想像力[13]を養うことにつながるだろう.たとえば,先ほどの三浦アークさんに対するマイクロアグレッションの事例では,人々はアークさんへの偏見や不正義の実態を知るだけではなく,日本の外国籍の子どもや外国にルーツがある子どもに対する偏見的イメージを変えることができるかもしれない.想像力とその育成の重要性について論じたウォーノック(Warnock 1978)によれば,人間は個人としては「今,ここ」につながれた有限な存在者でも,想像力をもって思索したり探究したりすることで普遍的な道徳的価値を想像できるようになる.しかし,普遍的な価値

を一足飛びに想像するのは難しいし，かえって空想に陥るリスクもある．そこで批判的な想像力を育むためにも，アート作品を通じて偏見や被害者の声などについての個別的で具体的なイメージを得ることが重要となると考えられる．

さらに，間接接触は適切な認識実践と組み合わせることで，人々が個別の場面で偏見にどのように気づきうるのか，あるいは，個々の話し手に対してどうあるべきかなどの問いを考える機会を提供しうる．たとえば，大阪府西成高校が実施している「反貧困学習」では，生徒がネットカフェ難民やワーキングプアなどにかんする映像を見た後，資料をもとにそのセーフティネットのあり方を考える授業が行われている（大阪府西成高等学校 2009）．偏見の中和のケースでも同様に，アート作品などを用いた間接接触に，適切な指導者のもとでのグループでの問答や探究といった認識実践を組み合わせると，認識主体が今後，証言のやり取りにおいて不協和を感じる新たな状況に遭遇したとき，目の前の話し手にどうあるべきなのかを熟慮しうる批判的な想像力を育成することにつながると思われる．

以上を踏まえると，間接接触と適切な認識実践を組み合わせた制度や環境は，人々を不協和の経験から批判的な想像力を発揮しうる主体となるよう促しうると考えられ，それゆえ，個別の文脈で特定の他者に対してどうあるべきかという問いが自分の認識的ニーズとなる変容的な徳をもつことにつながると結論づけられる．変容的な徳の獲得を個人の努力だけに任せず，よりいっそう適切な仕方で促すためには以上の制度や環境づくりが役立つだろう．

7. 結語

本稿は，偏見の中和に様々な仕方で役立ちうる自己反省のあり方を明らかにしたうえで，証言的不正義に抵抗しうる徳として変容的な徳を提案した．具体的には，変容的な徳を，認識主体が証言のやり取りの経験を通じて個々の話し手を前に不協和を経験し，多様な自己反省を通じて「私は目の前の話し手にどうあるべきなのか」という個別の正義の構想を熟慮するように促すものであると論じた．さらに，変容的な徳を促すために，直接接触に伴いうる人々の傷つきやすさに配慮し，人々が個別的な正義の構想を熟慮する批判的な想像力を養える制度や環境が重要であると論じ，アート作品などを用いた間接接触と適切な認識実践を組み合わせる条件を提案した．

謝辞

　二名の匿名査読者から有益なコメントを頂きました．ここに記して感謝申し上げます．本研究は科学研究費（23K00004）の支援を受けています．

注

1. 偏見的ステレオタイプとは，大まかには，人々を特定の社会的アイデンティティで一括りし，その人々の人格を貶めるネガティブな特性と結びつけるステレオタイプのことである．ステレオタイプについては，唐沢（編）(2020, 第3章），北村・唐沢（編）(2018, 第1章) など参照．

2. 信用性は，話し手が真理や知識を伝達できる能力と，聞き手にその真理や知識を前向きに伝達しようとする誠実性からなるとされる．

3. 近年の心理学研究では，ステレオタイプ脅威などを含め，結果の再現性について疑義を呈する報告も存在する (e.g., 唐沢 2020, 第13章)．本稿では，偏見的ステレオタイプが気づかれにくい理由として，偏見が社会規範や制度に浸透して流布する点を重視するため，実証結果の問題性には立ち入らない．

4. 肌の色の違いなどの顕著な特徴をもとに人種化 (racialization) し，その人種を劣っているとみなす露骨な偏見を発揮したり，悪意をもって差別したりすることを指す (e.g., 北村・唐沢（編）2018, 第1章).

5. 認識主体を社会的に位置づけられた人物として説明する説は，フリッカーを含む多くのフェミニスト認識論者が採用する立場である (Tuana 2017).

6. 構造的な偏見については，López-Ayala & Beeghly (2020) 参照．

7. 徳認識論の概要を知るためには，たとえばBattaly (2015) 参照．

8. 第二派フェミニズムやコンシャスネス・レイジングについては，たとえば，フックス (2017) 参照．

9. クー・クラックス・クラン（通称，KKK）は，米国で黒人や有色人種，移民に危害を加える白人至上主義を標榜する秘密結社である (浜本 2015)．KKKの発祥は，南北戦争後に奴隷が解放された時代における一種の白人の自衛組織であったが，やがて第二次世界大戦後の米国で公民権運動が始まる頃に復活したものは，白人の支配的地位を暴力で回復しようとするテロリスト集団となり果てていた．シャーマンが引用するKKKは白人至上主義のテロリスト集団であることは，二つ目の批判に応答する第五節の議論で重要である．

10. ポール (Paul 2021, 483-4) は，「Aを価値づける (value A)」（一階の価値）ことと「Aを価値づけるということを価値づけること (value valuing A)」（高階の価値）を区別し，クラシック音楽の価値を希求するような事例は高階の価値を理解する後者の事例であると論じる．そのうえで，高階の価値を理解するケースは自己変容の簡単な問題であるのに対し，一階の価値変化は実際に変容的経験をするまでどのように生じるか知ることができず，そのため，この変容を合理的に選択できるのかは自己変容のハード・プロブレムであると述べている．

ポールの関心はハード・プログラムにあるが，この詳細な分析は別稿に譲る．
11. Battaly (2016) は，悪徳の更生 (rehabilitation) 方法として，徳のお手本となる人物と接することによる情動的伝染 (emotional contagion) を挙げている．
12. マイクロアグレッションとは，人々が故意かどうかにかかわらず，特有の社会的アイデンティティをもつ人々に対して，軽視や侮辱のような敵意ある否定的な言動を繰り返し浴びせることである（スー 2020, 34）．
13. ここで批判的な想像力とは，近年の認識論における情報示唆的な (instructive) 想像と類似の種類である．情報示唆的な想像とは，現在の人間の認識能力を踏まえて変更可能な範囲において，現実的な事実とは別様な事態を想像することである．ここでは，変容的な徳の涵養の一部として，情報示唆的な想像としての批判的な想像力を養うことを挙げている．

参考文献

Alcoff, L. M. (2010). "Epistemic Identities." *Episteme*. 7(2): 128-137.

Allport, G, W. (1954). *The Nature of Prejudice*. Preseus Publishing.

Anderson, E. (2012). "Epistemic Justice as a Virtue of Social Institutions." S*ocial Epistemology*. 26(2): 163-173.

Battaly, H. (2015). *Virtue*. Cambridge: Polity Press.

Battaly, H. (2016). "Developing Virtue and Rehabilitating Vice: Worries about Self-cultivation and Self-reform." *Journal of Moral Education*, 45(2): 207-22.

Battaly, H. (2018). "Can closed-mindedness be an Intellectual Virtue?" *Royal Institute of Philosophy Supplement*. 84: 23-45.

Berenstain, N. (2016). "Epistemic Exploitation." *Ergo*. 22(3): 569-590.

Callard, A. (2019). *Aspiration: The Agency of Becoming*. Oxford University Press.

Cohen, J. (1992). *An Essay on Belief and Acceptance*. Oxford University Press.

Collins, P. H. (1990). *Black Feminist Thought: Knowledge, Consciousness, and the Politics of Empowerment*. Boston: Unwin Hyman.

Daukas, N. (2018). "Feminist Virtue Epistemology." In *The Routledge Handbook of Virtue Epistemology* (pp.379-391). Routledge.

Engel, P. (1998). "Believing, Holding True, and Accepting." *Philosophical Explorations* 1(2): 140-51.

Fricker, M. (2007). *Epistemic Injustice*. Oxford University Press.

フックス，ベル (2017). 野﨑佐和・毛塚翠 (訳)『「フェミニズム理論」：周辺から中心へ』. あけび書房.

唐沢かおり (編) (2020). 『社会的認知：現状と展望』. ナカニシヤ出版.

浜本隆三 (2015). 『クー・クラックス・クラン』. 平凡社.

井上知子 (2014). 「差別・偏見研究の変遷と新たな展開：悲観論から楽観論へ」. 『教育心理学年報』53：133-146.

北村英哉・唐沢　譲（編）（2018）．『偏見や差別はなぜ起こる？：心理的メカニズムの解明と現象の分析』．ちとせプレス．

リー，ハーパー（1964）．菊池重三郎（訳）『アラバマ物語』．暮しの手帖社．

López-Ayala, S. & Beeghly, E. (2020). "Explaining Injustice: Structural Analysis, Bias, and Individuals." In *An Introduction to Implicit Bias: Knowledge, Justice, and the Social Mind* (pp. 211-232). NY: Routledge.

Madva, A. & Brownstein, M. (2018). "Stereotypes, Prejudice, and the Taxonomy of the Implicit Social Mind." *Nous*. *52*(3): 611-644.

McKinnon, R. (2017). "Allies Behaving Badly." In *The Routledge Handbook of Epistemic Injustice* (pp. 167-174). NY.: Routledge.

Medina, J. (2013). *The Epistemology of Resistance*. Oxford University Press.

NHK（2020）．「マイクロアグレッション:日常に潜む人種差別の"芽"」．https://www.nhk.or.jp/gendai/comment/0018/topic008.html（2023.6.21時点）

大阪府立西成高等学校（2009）．『反貧困学習』．解放出版社．

Paul, L. A. (2014). *Transformative Experience*. Oxford: Oxford University Press.

Paul, L. A. (2021). "Aspiring to be Rational." *Philosophy and Phenomenological Research* *102*: 481-485.

Porter, S. L. (2016). "A Therapeutic Approach to Intellectual Virtue Formation in the Classroom." In *Intellectual Virtues and Education: Essays in Applied Virtue Epistemology* (pp. 221-39). Routledge.

Sherman, B. R. (2016). "There's No (Testimonial) Justice: Why Pursuit of a Virtue is Not the Solution to Epistemic Injustice." *Social Epistemology*. *30*(3): 229-250.

スー，デラルド（2020）．『日常生活に埋め込まれたマイクロアグレッション』．明石書店．

Tessman, L. (2005). *Burdened Virtues: Virtue Ethics for Liberatory Struggles*. Oxford University Press.

Tuana, N. (2017) "Feminist Epistemology: The Subject of Knowledge." In *The Routledge Handbook of Epistemic Injustice* (pp. 125-138). NY.: Routledge.

Van Fraassen, B. (1984). *Laws and Symmetry*. Oxford University Press.

Warnock, M. (1978). *Imagination*. University of California Press.

（茨城大学）

科学哲学 56-1 （2023）

分析形而上学と経験科学の連続主義に対する批判的検討
―形而上学はモデリングか？―

高取正大

Abstract

One of the pressing issues in the methodology of metaphysics is the relationship between (analytic) metaphysics and empirical science. In her recent paper, L.A. Paul has defended the methodological continuity of metaphysics and empirical sciences. According to her account, metaphysics and empirical science have distinct subject matters, but share the same methodology. More specifically, she argues that both metaphysical theorizing and scientific theorizing can be understood as *model-building*. In this article, I critically examine her argument and point out some non-negligible problems with the view that metaphysical theorizing is modeling.

はじめに

　現代の分析哲学において，形而上学（いわゆる分析形而上学）は，最も盛んに研究されている分野の一つである．この分野は大まかに言って，分析哲学において発展してきた議論の道具立て（形式言語を通じた論証の明晰化，いわゆる反照的均衡の手法 etc.）を用いて世界や実在のあり方を探究することを目標としている．他方でそのような，分析哲学の伝統のもとでの形而上学研究には，一つの重要な方法論的課題があると考えられる．すなわち，様々な分野の経験科学（e.g. 物理学に代表される自然科学）との関係性をどのように説明するか，という課題である．言うまでもなく，経験科学の諸分野もまた，世界／実在のあり方について探究することを目的としており，しかも極めて大きな成果を収めている．にもかかわらず，経験科学の研究内容やそこから得られる知見と，形而上学者の普段の研究内容がどのように関係するのかについては，はっきりしないことが多いのが実情である．更に近年では科学哲学のがわから，科学と比較した際の（分析）形而上学の方法論に対して，深刻な疑念が提起されるといった事態も生じている（Ladyman & Ross (2007)）．形而上学の方法論（メタ形而上学）にとって，形而上学的探究と経験科学的探究はどんな関係に立つのか――特に，両者の共通点と相違点はそれぞれどのようなものか――を説明することは，重要な主題の一つだと言える．

　この主題を巡って，近年，形而上学者 L.A. ポール（および彼女と重要な点で主張が一致する科学哲学者 P. ゴドフリー＝スミス）は，注目すべき見解を提出している．ポールの基本的な立場は，形而上学と経験科学の**連続主義**と形容できるものである．彼女は，形而上学と経験科学は探究の対象が異なる

だけであり，探究の方法に関して質的な違いはないと主張する．そして彼女の議論の中でとりわけ目を引く論点は，次のものである．すなわち，ポール（およびゴドフリー＝スミス）によれば，形而上学と経験科学は探究の主要な方法論として，**モデル構築**と呼ばれる手法を共有しているとされる．

　本稿の目的はこのポール（およびゴドフリー＝スミス）の，形而上学は経験科学と同様にモデル構築を主要な方法論とした分野であるという主張を，批判的に検討することである．以下，第 1 節ではポールの見解の要点を説明する．そのうえで第 2 節において，彼女（とゴドフリー＝スミス）の主張に対する，著者からの批判を提示する．

1　L.A.ポールの連続主義

　形而上学と経験科学の関係を巡るポールの見解は，著者の理解では，次の三つの主張にまとめることが許される（Paul (2012)）．

P1 形而上学は，個別の経験科学と比べて，より一般的かつ根本的なレベルにおける世界のあり方を探究する．

P2 形而上学理論の構築は，経験科学と同様，**モデル構築**（**model-building**）もしくはモデリング（**modeling**）と呼ばれる種類の作業である．

P3 形而上学は経験科学と同様，いわゆる最善の説明への推論を利用する．

上記のうち，P1 が，形而上学は経験科学とは異なる主題を探究するという論点に対応する．そして P2 と P3 が，形而上学は経験科学と方法論を共有しているという論点に対応する．

　これらの主張のうち，P1 については，形而上学の探究の対象が経験科学とは異なるという見方そのものには，著者も同意する．しかし，形而上学の探究の主題が経験科学とどのように異なるのかという点に関しては，著者の意見は，P1 と全く同じというわけではない．ただしこの論点は，ポールの見解に対する直接的な批判というよりは，著者がこれから本稿で行う議論の結果として示唆されるものであり，これについては論文全体の結語でひと言だけ触れたい．また P3 については，形而上学におけるこの手法の利用が，果たして経験科学におけるそれと同程度に正当化可能なものなのかを巡り，すでにいくつかの批判が提出されている（cf. Saatsi (2016), Novick (2017)）．そのようなわけで，本論文では P2 に議論の焦点を絞りたい．

　P2 は，現代の科学哲学における**モデル**の概念，ならびに**理論の意味論的理解**（**semantic view of theories**）と呼ばれる考え方を前提しているため，まずはそれらについて解説する．こんにちの科学哲学では，科学理論の形成

において中心となる作業はモデルを構築することである，という考え方が一般的となっている（cf. Weisberg (2013); 戸田山 (2015), Part III）．ここで「モデル」と呼ばれるものは，大まかに言って，実在世界（の一部）と一定の関係に立つような，仮想的な対象システムのことである[1]．例えば，古典力学の教科書に登場する単振り子は，そのようなモデルの一つである．教科書で記述される単振り子は，そのおもりは質量 m の質点であり，長さ l で質量をもたず伸び縮みしない紐をもち，紐の支点は摩擦がなく，常に一定の重力 g が働き，空気抵抗を受けず，一つの鉛直面内のみを動く．そしてその運動は，$d^2\theta/dt^2 + (g/l)\sin\theta = 0$（$\theta$ は鉛直方向からの紐の角度）という微分方程式により表される．さて，以上の記述が文字通り当てはまるような振り子は，現実世界のどこにも存在しない．つまり，単なる質点であるようなおもりは存在しないし，質量 0 で一切伸縮せず摩擦も働かないような紐も存在しないからである．単振り子とはあくまで，現実世界の振り子運動をするもの（の一部）を抽象化・理想化したものであり，その意味で仮想上の対象である．より一般的な言い方をすれば，単振り子は，現実世界の中の対象システムと一定の仕方で類似した，仮想的な対象システムであると考えられる．ここ半世紀ほどの科学哲学では，理論的探究において中心となる作業は，このような，現実世界と類似した仮想的対象システムとしてのモデルを構築することである，という考え方が主流となってきている．そしてまた,「科学理論」の名にふさわしいものは以上の意味でのモデル（のクラス）である，という見解が支持されるようになっており，これは理論の意味論的理解と呼ばれる．理論の意味論的理解は，理論の**構文論的理解**（**syntactic view of theories**）と呼ばれるものと対比される．理論の構文論的理解とは，科学理論は（大まかには）公理とその演繹的帰結からなる文集合であるという，論理学の用語法に由来する——そして論理実証主義の科学哲学で一般的だった——捉え方である．意味論的に理解された理論は，構文論的に理解された理論，つまり文集合としての理論に対して，まさに論理学の意味でのモデルの役割を果たすとされる．例えば単振り子の場合，上述の仮想的対象システムは，単振り子を記述する文集合（教科書に現れるようなもの）に対して，形式意味論の用語法でのモデルになる（前者が後者を充足する）と捉えられる．

　理論の意味論的理解と構文論的理解の重要な違いは，両者が理論–世界間の関係をどのように説明するかという点に現れる．構文論的理解の場合，理論とは文集合すなわち言語的対象（のクラス）であり，この文集合は世界をいわば直接的に記述することが目指されている．つまり，理論に現れる単称名は世界に存在する特定の対象を指示し，量化子はそういった対象からなるク

ラスを議論領域とする，等々のことが想定されている．そして真なる理論とは，世界（の一部）によって充足されるような理論のことである．以上をまとめれば，構文論的理解の場合，理論と世界の間の関係は意味論的な関係である．これに対し意味論的理解の場合，理論とは言語的対象ではなく，仮想的な対象システム（あるいはそのクラス）のことだとされる．仮想的な対象システムは上述のように，世界の中の対象システムと，一定の仕方で類似していることが目指されるようなものである．ここで，前者と後者の間で成立が期待される類似性は，通常の対象（もしくは対象システム）同士を比較したときに成立したりしなかったりする類似性関係と同様のものであり，意味論的な関係ではない．そして意味論的理解のもとでは，構文論的理解において理論とされたものすなわち文集合と，世界の間の関係は，すぐれて間接的なものになると言える．つまり，文集合が直接的に記述する（文集合を充足する）のは仮想的対象システムのほうであり，世界とはあくまで，この仮想的対象システムと類似性関係によって関連づけられるものだからである．

　科学理論の意味論的理解は，構文論的理解と比べて多くの利点をもつとされる．典型的には，科学理論の構築における理想化や単純化の側面をより適切に反映できる，といったものが挙げられる（詳しくは戸田山 (2015) などの解説を参照）．また哲学的な観点を除いても，意味論的理解には経験科学者の実践を自然に反映した側面があることは間違いない．理論的探究の際に科学者が行なっているのは，仮想的対象システムとしてのモデルの構築である，という自己認識は，こんにち広い範囲の個別科学において普及している．こういった背景に基づき，意味論的理解は現在の科学哲学において，科学理論とは何かという問いに対する標準的な回答として位置づけられている．

　これらの内容を踏まえたうえで，P2 が主張するのは，形而上学の理論もまた上述の意味でのモデル（のクラス）であり，それらの理論の構築は，世界と一定の仕方で類似した仮想的対象システムの構築に他ならないということである．従って，理論構築がモデル構築であるという点において，形而上学は経験科学と方法論を共有していることになる．この主張は，ポールの連続主義的見解において，特に注目に値するように思われる．著者の見立てでは，形而上学者の多くは，理論というものに対して（未だに）論理学の用語法をそのまま採用しており，事実上，構文論的理解を受け入れている．つまり形而上学者は，理論構築の場面において自らが典型的に行なっているのは，世界を直接的に記述するための一群の言明とその論理的帰結を特定することである，という自己理解を有しているように見える．しかしポール（および彼女の議論に直接的な影響を与えた P. ゴドフリー＝スミス）の考えによれば，

形而上学理論は，実際には科学理論と同じように，モデル（のクラス）として理解することができるとされる[2]．ポールは形而上学理論の具体例として，部分全体関係についてのヴァン・インワーゲン流の理論（具体的対象が全体を構成するのは，それらが生命を形成するときかつそのときに限るというもの）や，因果関係の反事実条件法分析を挙げている．彼女はこれらの理論について，実際のところはいずれもモデル（のクラス）として理解することができると述べている．これらの例については次節で再び検討する．

　以上の P2，ならびに本稿では主題としない P1 と P3 を主張することで，ポールは，形而上学と経験科学は探究の対象は異なるがその方法論は共通しているという，形而上学と経験科学の方法論上の連続主義を擁護する．もしポールの主張が受け入れられるのであれば，形而上学の方法論は，経験科学と同程度には正当化が可能なものとなるだろう．

2　分析形而上学理論の構築はモデル構築か？

　著者が P2 に対して提起する批判は，モデル／仮想的対象システムの存在論的本性を巡る議論に基づく．理論の意味論的理解を採用したとき，更に生じる重要な問いの一つは，そもそもモデル／仮想的対象システムとはいかなる存在者なのか，というものである．この問題に対してこんにちの科学哲学の中では，著者の知る限り，二つの立場が有力視されている．すなわち**数学的構造説**と**虚構的対象説**である．以下で著者が論じるのは，もし P2 が主張するように形而上学理論をモデル（のクラス）と同一視しようとした場合，そのようなモデルの身分は，数学的構造説でも虚構的対象説でもうまく説明できないのではないか，ということである．モデルの本性を巡る有力な説明のいずれも形而上学のケースには当てはまらないとすれば，形而上学理論をモデル（のクラス）と同一視するという提案自体にも困難が生じるように思われる．以下，2.1 では予備的な（しかし重要な内容を含む）論点について確認する．そして 2.2 では数学的構造説を，2.3 では虚構的対象説を取り上げ，それぞれの立場を採用したときの問題点を指摘する．最後の 2.4 では本節の議論をまとめるとともに，いわゆる「世界像」や「形而上学的描像」といったものと（科学的）モデルとの違いについて触れる．

2.1　予備的な論点

　まず確認したいのは，以下の P2 に対する批判ではあくまで「モデル」という語の，前節で説明された意味での用法が問題になるということである．言うまでもなく「モデル」という言葉は多義的であり，様々な分野において，ときに非常に緩やかな意味合いで用いられる．しかし以下の議論では，この表

現が形而上学的探究において，そういった緩やかな仕方で用いられる場面があるということを否定したいわけではない．

　次に断っておきたいのは，以下の議論が，形而上学における全ての理論構築の例に当てはまるとまで主張するつもりはない，という点である．本稿で行えるのはあくまで，形而上学の典型的な理論構築の例であると考えられるものをいくつか取り上げ，それらについて検討することに限られる．とはいえ，P2 という一般的なテーゼに対する批判を提起するうえでは，形而上学理論の典型例についての指摘さえ行えれば十分だと考えられる[3]．加えて，以下で検討する例にはポール自身が取り上げているものも含まれるので，本節の議論は，ポールの見解に対する批判としては公平さを保っているだろう．

　以上の点は比較的瑣末なものだったが，より重要な論点についても述べておきたい．それは，形而上学者の自己理解と P2 との関係にまつわるものである．まず考えてみたいのは，P2 が形而上学者の自己理解と一致しないように見えることが，直ちに P2 を拒絶する理由になるかどうかということである．前節でも触れたが，恐らく形而上学者の大部分は，理論構築の際に自らがモデル構築作業を行なっているという自己認識をもっているわけではない[4]．だが，形而上学者がどのような探究実践を行なっているかということに関しては，他ならぬ形而上学者自身の認識が権威を有しているように思われる．するとここで，次のような疑問が浮かぶ．つまり，単に形而上学者の自己認識と合致しないということのみをもって，P2 を拒否する十分な理由になると考えられはしないだろうか．

　この疑問に対しては，ひとまずは否定的に答えることができる．一般的に，ある分野の研究活動に対するメタレベルからの説明や記述は，その分野の研究者の自己認識と一致している必要はない．例えば，P2 がいわゆる合理的再構成として提示されているならば，必ずしも形而上学者の自己認識に沿っている必要はないだろう．あるいは Godfrey-Smith (2006a) で示唆されているように，P2 をより認知心理学的な観点に基づく提案として解釈する道もあるかもしれない．いずれにせよ，形而上学者の自己認識をそのままなぞっていないということは，それだけでは直ちに P2 を退ける理由にはならない．

　ただしここで次の点を指摘しておきたい．つまり，形而上学者の自己理解との不一致によって，形而上学理論に対して意味論的理解を採用することは，経験科学の場合には得られた重要な動機づけの一つを失ってしまう．前節で触れたように，科学理論の場合には，意味論的理解を支持する動機づけとして，それが科学者の自己認識と照らし合わせた際に自然さを有している，というものを引き合いに出すことができる．一方で形而上学の場合には，理論

の意味論的理解を支持する動機づけとして，同様の論点に訴えることはできない．この点は，P2 を評価するうえで見過ごせないように思われる．

　加えて注意したいのは，形而上学者の自己認識をなぞっている必要はないとしても，形而上学者の実践を説明する必要はある，ということである．要するに，P2 が形而上学者の理論的探究活動を一定以上適切に記述し説明できるべきであることに変わりはない．よってまた，もし形而上学者の実際の探究実践と照合して，P2 がそれに即していなかったりあるいは不都合を生じさせるようなことがあれば，それは P2 の問題を示していると言える．以降の議論でも基本的には，理論構築の場面における形而上学者の実践にどれだけ即しているかという観点から，P2 が検討されることとなる[5]．

2.2　形而上学理論と数学的構造

　モデル／仮想的対象システムの存在論的身分の問題に対しては，科学哲学者の間で受け入れられてきた一つの正統的な回答がある．すなわち，それらは結局のところ（解釈された）**数学的構造**だ，というものである．この数学的構造説によれば，モデル（仮想的対象システム）はそれ自体としては，そのモデルの数学的記述を満たすような純粋な数学的構造（およびその族）に過ぎない．例えば単振り子モデルの場合，このモデルは存在者としては単に，特定の微分方程式を満たすような数学的構造（のクラス）に過ぎない．もちろん，単なる数学的構造はモデルを個別化するには不十分である．異なる分野の科学的モデルが同じ数学的構造を共有しているということは，しばしば生じる．従って，モデルを個別化するためには，その数学的構造の各要素が何を表現しようとしているのかが，モデル構築者によって意図されていなければならない．例えばある数学的構造が単振り子モデルであるためには，その各要素が諸々の仮想的対象（e.g. 質点としてのおもり）を表現していることが，物理学者によって意図されている必要がある．しかし，モデル構築者の意図もしくは解釈を伴っているにせよ，モデル／仮想的対象システム自体の存在論的身分は単なる数学的構造である．

　数学的構造説の代表的な支持者の一人として，理論の意味論的理解の普及において大きな影響力のあった P. スッピスを挙げることができる．スッピスによれば，例えば古典的質点力学のモデルは，次のような集合論的構造である．まず，粒子の集合を表現する何らかの集合 P，経過時間に対応する実数の集合 T，$p \in P$ と $t \in T$ をとり p の t における位置を表したベクトルを返す二変数関数 $s(p,t)$，$p \in P$ について p の質量を表す正の実数を返す関数 $m(p)$，$p,q \in P$ と $t \in T$ をとり t において p が q におよぼす力を表したベクトルを返す三変数関数 $f(p,q,t)$，$p \in P$ と $t \in T$ をとり t において p に働く合成外力

を表したベクトルを返す二変数関数 $g(p,t)$ が用意される．そしてこれらが満たすべき数学的条件が指定されたうえで，順序六つ組 $\beta = \langle P,T,s,m,f,g \rangle$ が古典的質点力学のモデルとなる（Suppes (1957), ch.12.5; Suppes (1960)）．

　数学的構造説の特色として，次の二つを指摘しておきたい．一つは，経験科学の中でも特に“数学化”の達成された分野——例えば物理学——における理論的探究のあり方と，よく合致するように思われるということである．そういった分野では「理論化」という語はしばしば，探究対象の数学的モデルを構築することと同義のものとして用いられる．そしてそれらの分野で科学者が「数学的モデル」と呼んでいるものは，要するに，何を表現するかについての一定の解釈を伴った，抽象的な数学的構造のことだと考えられる．もう一つの利点は，存在論的な倹約性である．つまり，仮想的対象システムという，額面通りに受け止められた場合その本性に不明な点のある存在者は，数学的構造説によれば，数学的対象というより馴染み深い種類の存在者に還元されるのである[6]．

　さて，仮に形而上学理論がモデル（のクラス）であるとして，それらのモデルに関しても数学的構造説を適用することはできるだろうか？ポール自身は実際にそう主張している（Paul (2012), sects.2.1–2）．彼女によれば，例えば部分全体関係に関するヴァン・インワーゲン流の理論や，因果関係の反事実条件法分析は，いずれも抽象的な数学的構造と同一視することが可能だとされる．彼女はそれぞれについて次のように述べている（なお文脈から判断して，ここでの「抽象的対象」および「構造」は数学的なものを指している）．

> いくつかの〔複数の〕x が y を構成するのは，x の活動が生命を形成するときかつそのときに限る，という構成関係についての理論を考えてみよう．我々がこの理論として見なしうるモデルは次のようなものである．つまり，活動-形成的な〔複数の〕対象から構成される合成物もしくは全体を表現した抽象的対象と必然的関係に立っているような，活動-形成的な〔複数の〕対象を表現した抽象的対象からなる構造である．(Paul (2012), p.12)

> 他の例として，次のような因果関係の単純な反事実的理論を考えてみよう．この理論は，c が e の原因であるのは，もし c が生起していなかったとしたら[7] e が生起していなかったであろうとき，かつそのときに限る，と主張する．この理論のためのモデルは，反事実的依存関係にある出来事を表現するような構造である（これらのモデルの記述はこれらの構造の記述である）．(Paul (2012), p.13)

　しかし，この二つの理論を一定の数学的構造（のクラス）と同一視できるということについて，ポールの叙述は（著者の理解する限りでは）ほぼ以上のものに尽きている．これらの説明はどれほどもっともらしいだろうか？

　まず直ちに指摘できるのは，以上の叙述のどちらも，それだけでは数学的構造を提示しているとは見なしがたいということである．つまり当然ながら，生命活動-形成関係や反事実的依存関係は何らかの（数学的）構造を有している，と単に述べるだけでは，それらの数学的構造を示したことにはならない．それらが具体的にどんな数学的構造なのかを特定する，数学的記述を与える必要がある．上述した“数学化”の果たされた個別科学の分野において，理論構築の際に中心となっている作業は，まさにそういった数学的構造の特定であり，数学的記述の定式化であると考えられる．他方で，ポールの以上の叙述は，少なくともそのままでは，何らかの実質的な数学的記述を含んでいるとは言いがたいだろう．

　とはいえ，このような指摘はかなり皮相なものであると受け取られるかもしれない．つまり，上記の叙述においては説明が単に省略されているに過ぎない，という反応がごく自然に予想されるからである．省略された内容が適切に補われたならば，生命活動-形成関係にせよ反事実的依存関係にせよ，その数学的構造は明示的に特定されることが期待される．そして，そこで特定される数学的構造（のクラス）こそ，ヴァン・インワーゲン流の部分全体関係理論や因果性の（単純な）反事実条件法分析と同一視することができるものだ，と考えられるかもしれない．あるいは，少なくともポールおよび彼女の提案の支持者はそのように主張しうるだろう．

　だが以上のような応答に対して，より抜本的な問題を指摘することができるように思われる．それは，もしそのようにして特定される数学的構造こそが形而上学理論の本体であるとしたら，理論の認識もしくは理解をめぐる形而上学者自身の実践と，無視しえない齟齬を来たすのではないか，という懸念である．例えばヴァン・インワーゲン的理論のケースにおける，生命活動-形成関係の数学的構造なるものについて考えてみよう．そのような数学的構造について，こんにちの形而上学者はどの程度特定しており，知識を有していると言えるだろうか．事実上ほぼ何も特定しておらず，それが具体的にどんな数学的構造となるのかに関してほとんど何の知識ももっていない，というのが公平な評価だろう．少なくともヴァン・インワーゲン自身の『物質的存在者』（van Inwagen (1990)）においては，そのような数学的構造の特定は試みられていない．更に付け加えれば，特殊構成問題の研究者の少なからずは，そのような特定に関心があるかどうかすら疑わしいと思われる．すると，

もしヴァン・インワーゲン的理論の本体がそのような数学的構造であるならば，現状の形而上学者はこの理論の実質的内容について，驚くほど知識を有していないということが帰結するだろう．しかしながら，そのような帰結は明らかに不条理である．形而上学者がこの理論について一定以上知悉しているということは，説明されるべきはずの探究実践である．要するに，形而上学者がもつ（はずの）この理論の認識論と，この理論について（意味論的理解を受け入れたうえで）数学的構造説を採用することの間には，齟齬があるように思われるのである．

　因果関係の反事実条件法分析についてはどうだろうか．前後の文脈を読む限り，ここでポールが考慮している反事実条件法分析は，D. ルイス的なものである．ルイスのよく知られた分析によれば，「もし出来事 c が生起していなかったとしたら出来事 e が生起していなかったであろう」という文の真理条件は，おおよそ「c が生起しておらずかつそれ以外の点では現実世界と最も類似した可能世界において e が生起していない」というものになる．そしてここで言及される可能世界（および可能的出来事）とは，それらのクラスが一定の数学的構造を備えていることが想定されるようなものである．可能世界のクラス上に定義される類似性関係がどんな数学的性質を満たすべきかということは，反事実条件法のモデル論における重要な主題である（e.g. Lewis (1973)）．すると，そういった数学的構造（のクラス）を，因果関係の単純な反事実的理論の実質的内実と同一視できるように思われるかもしれない．

　確かに可能世界（および可能的個体）のクラスが有する数学的構造は，少なくとも生命活動-形成関係の数学的構造に比べれば，かなり形而上学者にとって馴染み深いものではあるだろう．だがそれでも，著者の把握する限りでは，反事実条件法分析の主張そのものを理解するうえでは，可能的対象のクラスが有する数学的構造についての知識が要求されるわけではない．例えば，上述の単純な反事実条件法分析を理解するために，そこで言及されている可能世界からなるクラスの数学的構造についての知識が必要であるわけではない．より一般的に述べれば，可能的対象のクラスが備える数学的構造そのものを研究するのは，（反事実条件法の論理を含む）様相論理のモデル論的研究である．そして，因果関係の反事実条件法分析を理解していることは，様相論理のモデル論の知識をもっていることから独立しているというのが，多くの形而上学者の認識ではないだろうか[8]．従ってまたこのケースでも，形而上学者自身が有する形而上学理論の認識論と数学的構造説との間に，齟齬があるように思われる．

　なおここでぜひ留意したいのは，典型的な分析形而上学を離れれば，数学

的モデルによる因果性の分析は，こんにち極めて盛んに研究されているトピックだということである（非専門家向けの概説としては Hitchcock (2009)，著名な教科書としては Pearl (2000) などを参照）．この分野で用いられる「因果モデル」と呼ばれる種類のモデルは，大まかに言って，変数の集合といくつかの構造方程式により特定されるような数学的構造である．さて，もしもポールが，因果関係を扱う理論と同一視されるべきモデルの例としてこの因果モデルに類するものを持ち出してきたのだったら，因果関係に関する形而上学理論の本体は数学的構造であるという彼女の主張は，かなりもっともらしくなっていただろう．だが，彼女が因果関係の形而上学理論と同一視されるべきモデルとして提示しているのは，因果モデルのようなものではなく，あくまでより伝統的な分析形而上学の分析に対応したものなのである [9]．

　以上の検討を通じて，著者の考えでは，より単純かつ一般的な論点を確認することができる．つまり，いくつかの典型的な形而上学理論は明示的な数学的記述を通じて定式化されるわけではなく，また何らかの数学的構造を提示することを意図しているかどうかも疑わしい．そしてこのことは，数学的構造説がうまく当てはまるような分野の科学理論（モデル）とはまさしく対照的であると言える．それらの分野の科学理論（モデル）は，少なくとも典型的には，数学的記述を通じて与えられることが想定されているからである．そういうわけで，理論の本体は数学的構造であるというアイデアを，（数学化された分野の）科学理論と同様に形而上学理論にも適用しようとすることは，両者のごく単純な違いに注意を払っていないように思われる [10]．

　ポールは，自らが例に挙げた理論を数学的構造と同一視できるということについて，単に上記引用のように述べるだけであり，それ以上の議論を展開しているわけではない．著者の意見では，彼女はこの論点について十分に検討することなく，形而上学理論も（数学化された分野の）経験科学理論と同様に扱えると，安易に想定しているように見える．

2.3　形而上学のモデルは虚構的なシステムか？

　とはいえ，モデルの存在論的本性の問題に関しては，数学的構造説の他にも検討に値する立場がある．近年の科学哲学においては，モデル（仮想的対象システム）とは抽象的な数学的構造ではなく，むしろ**虚構的な存在者からなるシステム**である，という見解——虚構的対象説——が一定の支持を集めている．この虚構的対象説によれば，モデルとは，文学的ないしそれに準じるフィクションと同じ種類のものであり，もしそのフィクションが現実であったとしたら具体的となるような想像上のシステムである．つまりこの見方によれば，経験科学のモデルは，例えば指輪物語の作品世界のようなものに

近しいとされる．そしてモデルを構成する事物は単なる数学的対象ではなく，指輪物語に登場する事物がそうであると想定されているように，いわば"血肉をもった"様々な存在者だということになる．

　さて，科学的モデルの特徴づけを巡る数学的構造説と虚構的対象説の対立は様々な論点を含んでおり，本稿でそれらを解説する余裕はない．しかしながら，少なくとも P2 を擁護しようとする場面においては，虚構的対象説を採用することで数学的構造説を採用した場合の困難を解消できるように見える．上述のように，虚構的対象説においてモデルとはフィクションの作品世界のようなものである．そしてフィクションの作品世界の内容を理解するにあたり，ふつうの意味では，その世界の事物からなるシステムの数学的構造を知っている必要はない．例えば，ふつうの意味で指輪物語の作品世界について理解していると言えるためには，指輪物語に登場する様々な事物から構成されるシステムの数学的構造を知っていることまでは要請されないだろう[11]．よって，形而上学理論をその種のフィクション的作品世界と同一視したとしても，形而上学理論を，通常の形而上学者の認識から乖離した何らかの数学的構造（のクラス）と同一視するという事態に陥るわけではない．またこの利点に加えて，P2 の擁護者は，虚構的対象説を利用するにあたり文献上の支持も見出すことが可能である．P2 を先取りする主張を Godfrey-Smith (2006a) において行い，ポールの議論に直接的な影響を与えた P. ゴドフリー＝スミスは，虚構的対象説の代表的な支持者の一人としても知られている（cf. Godfrey-Smith (2006b)）．更に Paul (2012) でも，公式には上述のように数学的構造説を採用しているものの，実際には虚構的対象説と親和性のある叙述が随所に見られる（cf. pp.13–15）．以上を考慮すれば，P2 を擁護しようとする論者にとって，モデルの本性に関して虚構的対象説を採用することこそが有望な選択肢であるように思われるかもしれない．

　しかし結論から述べれば，著者は，P2 の擁護にあたって虚構的対象説を利用することには困難があると考えている．以下でその理由について論じるが，あらかじめ注意しておくとそれらの議論は，すでに科学哲学内部において虚構的対象説に対する批判として提示されたことがあるものである．ただし著者の立場は，それらの批判が科学的モデルに関して虚構的対象説を採用することへの批判として成立するかどうかは問題としない，というものである．言い換えれば，著者の考えでは，それらの批判は科学的モデルの場合にはともかく，形而上学理論をモデル（のクラス）と同一視するという提案に対してより深刻なものになる．科学的モデルに関する虚構的対象説が維持可能であるかどうかにかかわらず，形而上学的モデル（P2 の述べるようにそのような

ものがあるとして）に関する虚構的対象説には見過ごせない困難がある，というのが著者の論旨である．

　虚構的対象説にとっての一般的な課題は，フィクション自体の（存在論的）本性をどのように説明するかというものである．フィクションの作品世界なるものは，少なくとも一見したところでは，その本性が明瞭であるとは言いがたい．よって，そもそもフィクションとは何かについて更なる説明が与えられない限り，虚構的対象説は，モデルの本性の説明として実質を欠くのではないかということが強く疑われる．これは数学的構造説の場合とは対照的な点である．この課題に対処するための方針としては，基本的に次の二つのものが考えられる．一つは，この説明要求自体を重視しない，というものである．もう一つは，還元的説明を試みるというものである．

　前者は，Godfrey-Smith (2006b) において示唆されている方針である．この方針のもとでは，虚構的対象説において利用されるフィクションの概念や虚構的事物に対して還元的説明を与えられないとしても，それは深刻な問題ではないと捉えられる．フィクションの概念や虚構的事物に関して重要なのはむしろ，それらの利用が科学的探究を含むひとの知的活動において，いかに馴染み深くありふれているかということである．それらを運用することは，ひとの知的能力の基本的な部分に備わっており，基礎づけや正当化を必要とするようなものではない．従って，フィクションの概念や虚構的事物に対して還元的説明を与えられないとしても，そのことによってこれらにまつわる基礎づけや正当化の問題が生じるわけではない．以上のような流れで，この方針では，そもそも虚構的対象説にとってフィクションの本性を説明することは喫緊の問題ではないと論じられることになる．

　この方針を形而上学理論／形而上学的モデルの場合にも適用することはできるだろうか？ フィクションの存在論的本性に関する説明が与えられないことに対して，依然として不満をもつ形而上学者はいるかもしれない．しかしながら，著者がより重要な問題として指摘したいのは，次のものである．前段落の主張は，フィクションの概念（およびそれに関連する事物）を運用することはひとの知的能力の基本的な部分に備わっている，という論点に依拠している．ここで念頭に置かれているフィクションは，その運用が「ひとの知的能力の基本的な部分に備わっている」と言われる以上，ふつうのひとの想像力によって想像可能な部類の，具体的なシナリオである（cf. Godfrey-Smith (2006b)）．例えば指輪物語で描かれる世界は，（壮大ではあるとしても）ふつうのひとの想像力によって想像可能な範囲の，具体的シナリオだろう．だが，形而上学理論に対応するシナリオは，ふつうのひとの想像力によってアクセ

ス可能な範囲に収まるか疑わしいケースが多い．特殊構成問題に関わる事例を取り上げよう．例えば，私の鼻とエッフェル塔のメレオロジー的和が存在するシナリオを想像するというのはどういうことだろうか．これを想像するのが難しいように思われるのは，このシナリオを，他の具体者についての想像の仕方を変えないまま，私の鼻とエッフェル塔のメレオロジー的和が存在しないシナリオと異なるものとして想像できなければならないからである．これらのシナリオを想像し分けるというのは，通常の虚構的なシナリオ（例えば指輪物語作中の諸々）を想像することと同じ種類の行為であるかどうか，少なくとも疑わしいだろう．あるいは別の主題を例にとって，個物が実体とそれが例化する普遍者からなると主張する形而上学理論や，個物はトロープの束であると主張する形而上学理論について考えてみよう．これらの理論を実現するシナリオについてそれぞれ想像するというのは，通常の意味での想像力からかけ離れているように思われる．私が私および私の例化する様々な普遍者からなるさまを想像したり，あるいは様々なトロープの束からなるのを想像したりすることは，常識的な範囲の想像ではない．

　以上の指摘は次のように一般化できる．つまり，形而上学理論を実現するようなシナリオは高度に "理論的" なケースが多く，それらは常識的な範囲の想像力によって想像可能な，具体的シナリオからなるフィクションではない[12]．従ってまた，形而上学理論（形而上学的モデル）と同一視しうるようなフィクションを運用することは，ひとの知的活動においてありふれた行為の一例に過ぎない，という主張も疑わしい．すると，フィクションの本性に対する説明要求を重視しないという方針は，形而上学のケースに関してはその論拠を失うように思われる．

　もう一つの方針を採用した場合，還元的説明を試みることになる．そのような説明の候補として，科学哲学の中ではこれまで，主に次の二種類が検討されてきた（cf. Weisberg (2013), ch.4）．一つは，**可能的対象を用いてフィクションを分析する**というものである．もう一つは，**ごっこ遊び（make-believe）**説に基づいて分析するというものである．

　一つ目の説明は D. ルイス流のものであり，大まかに言ってフィクションを，そのフィクションが成り立っているような可能世界のクラスとして分析する．科学哲学においてこの方針を支持する文献としては，Contessa (2010) がある[13]．この方針には様相実在論を引き受けねばならないという明らかな短所があり，そのため科学哲学者の間でもそれほど人気がないように見える．この短所は，形而上学方法論の文脈では，科学哲学の場合よりも更に避けたくなるようなものかもしれない．というのも，科学的モデルの本性の分析とい

うあくまで科学哲学上の問題であれば，それを解決するためにある程度論争的な形而上学的立場を前提したとしても，コストとして許容する余地がありうる．だが，形而上学理論の本性の分析という形而上学方法論上の問題に取り組むにあたっては，論争的な形而上学的立場からできる限り中立的であることが，より強く求められるように思われるからである．とはいえ，著者の考えでは，この方針が抱えるより深刻な困難は，単に様相実在論を引き受けなければならないというのとは別のところにある．それは，一般に形而上学理論に関しては，それが成立するかどうかが形而上学的に必然的に定まる，と考えられていることと関係する．つまり，もしある形而上学理論が正しいものである場合，その理論は全ての可能世界で成り立つことが想定されている．そしてまた，正しくない形而上学理論は，それを実現するような可能世界は存在しない．例えば，個物が実体とそれが例化する普遍者からなると主張する理論や，個物がトロープの束であると主張する理論は，それが正しいなら全ての可能世界で正しいはずである．そして正しくないほうの理論は，それが成立する可能世界などどこにもない．だがそうすると，いかなる正しい形而上学理論についても，それと同一視されるべきフィクションは全ての可能世界からなるクラスということになり，それらの理論の内容は区別できなくなる．また，いかなる正しくない形而上学理論についても，それと同一視されるべきフィクションすなわち可能世界のクラスは空集合ということになり，やはりそれらの理論の内容は区別できなくなる．これらは受け入れがたい帰結である．要するに，可能世界の空間は，形而上学理論の内容を扱うには小さすぎて，形而上学理論の一般的な特徴づけに利用するためには役立たないのである[14]．以上のことから，フィクションを可能世界のクラスとして分析する方針は，いまの議論においてはあまり見込みがないように思われる．

　二つ目の説明は，K. ウォルトンのフィクション理論を援用し，フィクションをごっこ遊びとして特徴づけるものである．科学哲学におけるこの方針の代表的な支持者としては Frigg (2010), Toon (2012), Levy (2015) などが挙げられる．ただしこれらのうち A. トゥーンと A. レヴィの議論は，最終的に科学的モデルそのものを消去してしまう立場であり，本稿の議論の文脈において採用することは考えにくいため，以下ではもっぱら R. フリッグの主張を検討する[15]．ウォルトンの理論によれば，フィクションとは大まかには，小道具（prop）を利用して産み出される規則に従った，ごっこ遊びのようなものである．小道具には様々なものが含まれうるが，文学的フィクションの場合は，フィクションが書かれた書籍そのものが小道具の典型例である．書籍という小道具を通じて，それを用いたごっこ遊びの参加者が従うべき規則，な

らびにそのごっこ遊びにおいて正しいとされる事柄が定まる．そのような規則や事柄の中には，書籍に明示的に書かれているものもあれば，ごっこ遊びの参加者が共有する背景的規則およびそこから導出される事柄もある．そういった規則ならびにそこで正しいとされる事柄のもとで許容される"ムーブ"からなるごっこ遊びが，フィクションである．以上を踏まえたうえでフリッグは，科学的モデルもまたごっこ遊びとして理解できると主張する．科学的モデルの場合，主な小道具となるのはそのモデルについて述べられた諸々の文献である．それらの文献に明示的に書かれたこと，ならびに科学者集団が共有する背景的規則（典型的には数学）に基づいて，そのモデルに関するごっこ遊びの参加者が従うべき規則およびそこで正しいとされる事柄が定まる．

　フリッグの主張の特色は，フィクション自体の存在論的身分をデフレ的に扱えるということである．上記の説明において，フィクションは最終的に，科学者集団の振る舞いと心的状態に還元される．従ってまた，フィクションに登場する虚構的対象と同一視されるべき対象は，もはや存在しない．この特徴は，フリッグの立場をルイス流のアプローチよりも好ましいものとする，一つの材料になるだろう．

　だが，この点での存在論的倹約は，別の箇所での存在論的コストをもたらす．第1節で述べたように，科学的モデルは，世界の中の事物と一定の類似性関係に立つようなものである．そして虚構的対象説を採用したとき，世界の事物と類似していることが期待されるのは，直観的にはまさに，フィクションに登場する虚構的事物である．しかし上述したように，フリッグの立場ではそのような虚構的対象は端的に存在しないのだから，そもそも世界の中の事物と何らかの関係に立つことができない．この問題を解決するために，フリッグは結局のところ，**例化されていない性質**という存在論的道具立てを導入する．フィクションに登場する虚構的対象自体は存在しないとしても，フィクションの描写に従った場合にそれらの対象が例化しているはずの性質そのものについては，存在を認めてもよさそうに見える．例えば賢者ガンダルフは虚構者であり存在しないが，賢さという性質自体は，たとえ実際にはガンダルフに例化されていないとしても，その存在を認めることに問題はない．そしてフリッグによれば，世界との類似性が比較されるべきなのは，フィクションに登場する虚構的事物そのものではなく，フィクションが描写するところのそれらの事物が例化している——そして実際にはそれらが例化していない——性質そのものであるとされる．

　しかしフリッグに対する批判者が指摘するように（Godfrey-Smith (2009)，Levy (2015)），例化されていない性質の存在論がもたらすコストは，決して

過小評価されるべきではない．この論点は，特に形而上学方法論の文脈では深刻なものになると思われる．つまり，もしP2が主張するように形而上学理論の構築がモデル構築作業であるとして，その方法論的枠組みは当然，唯名論者にとっても利用可能であることが求められる．その枠組みのもとで唯名論者は，例えば性質を巡る自らの唯名論的理論について，その内容を表現するモデルを構築することが可能であるべきである．しかしフリッグ説のもとでは，そもそも唯名論的理論を表現するモデルを展開するために性質の存在論を受け入れていなければならないのだから，唯名論者がこの枠組みを利用することは不可能となってしまう．性質に関する唯名論者が利用できない形而上学方法論は，著しく不満足なものだと評価せざるをえないだろう．

この数段落ではフィクションの還元的説明を試みた場合の二つの方針を批判的に検討したが，より一般的に次の論点が示唆されると考えられる．つまり，フィクションの本性を説明しようとする場合，その身分について実在論的な立場をとるにせよデフレ的な立場をとるにせよ，実質的なフィクションの形而上学に関わらざるをえない．これは，形而上学方法論に求められる中立性を保つのが難しいということである．その結果，フィクションの本性について十分な説明を与えつつ，同時に形而上学理論をフィクションとしてのモデルのクラスと同一視しようという企て自体が，難しくなると言える．

以上では，モデルの本性に関する虚構的対象説を採用した際の二つの方針，つまりフィクションとは何かに対する説明要求を重視しない方針およびその要求に応答しようとする方針について検討した．そして，形而上学的モデル——そのようなものがあるとして——の本性に関しては，どちらの方針を選んだとしても問題が生じることを指摘した．そういうわけで，P2を擁護するにあたり，そこで言及されるモデルの身分を虚構的対象説に基づいて説明するアプローチにも，困難があるように思われる．

2.4 本節のまとめと補足

本節の以上の議論が成功しているなら，もし形而上学理論がモデル（のクラス）であるとした場合，そのようなモデルの身分は，モデルの本性に関してこんにち提案されている有力な見解のいずれによっても，うまく説明できない．このことは，少なくとも現状においては，形而上学理論がモデル（のクラス）であるという考え，ひいてはP2に，解消されていない困難があることを示していると言える．もちろん，モデルの本性を巡る説明として，上述した以外の立場を新たに展開する道は開かれている．そのような立場によって，形而上学的モデルおよび（少なくとも一部の）科学的モデルの双方について，その本性を統一的に説明することができれば，P2の有力な論拠となる

だろう．しかしこれは，P2 を擁護する論者のがわに課せられる課題である．

　本節の最後に，ここまでの議論とは異なる，しかし形而上学に馴染みのあるひとが自然に思いつくかもしれない観点について触れておく．形而上学の文献において形而上学理論が提示される際には，まず間違いなく，その理論によるところの「世界像」や「（形而上学的）描像」などと形容しうるものが伴っている．そういった「世界像」や「描像」（あるいはそれに類するもの）は，その理論が正しい場合の世界のあり方について，一定のアナロジー的な表現を交えつつ，直観的な仕方で描写するものである．一例を挙げれば，Sider (2001) の第一章は「四次元的な描像」と題されており，四次元主義のもとでの世界のあり方を直観的に解説している．さてここで，2.3 までの議論とは独立に，次のような発想が出てくるかもしれない．つまり，これらの「世界像」や「描像」といったものこそ，形而上学におけるモデルとして捉えられるのではないだろうか．

　以上のような発想に対して，著者の考えは次のようなものである．まず確かに，世界像や（形而上学的）描像といったものに，モデルを連想させるところがあるとは言える．また，（2.1 で触れたように）「モデル」という語の多義性を考慮すれば，それらが実際に「モデル」と表現される場面も恐らくはあるだろう．あるいはもとを辿ればこういったことが，ポールやゴドフリー＝スミスによる議論の，最初の動機づけになっているのかもしれない．しかしながら，本稿で一貫して主題としてきたモデルの概念はあくまで，より限定された意味合いのものである．つまり，経験科学の理論的探究において用いられるようなモデルと同じ種類のモデルである．そして，この種類のモデルの本性を説明するものとして，こんにち有力視されている二つの立場が，数学的構造説や虚構的対象説なのであった．それでは，いわゆる世界像／描像を数学的構造（のクラス）やフィクションとして理解することはできるだろうか？　これは，2.2-3 と同様の議論によって，難しいと考えられる．世界像や形而上学的描像が数学的記述を通じて提示されるケースは，著者の知る限りまず見かけない．そもそも，これらを単に何らかの数学的構造（のクラス）と同一視することは，世界像や描像というアイデアの基本的な部分を損なうように思われる．世界像／描像にとって重要なのは，そのもとでの直観的な世界のあり方を描写することだからである．また，2.3 で述べたのと同様の理由により，世界像／描像をフィクションと同一視することも難しいだろう．例えば，様々な個物が実体とそれが例化する普遍者からなることを描写する世界像や，個物がトロープの束からなることを描写する世界像は，通常の意味でのフィクションの作品世界とは異なるものだろう [16]．

結語

P2 は，ポール（とゴドフリー＝スミス）が経験科学と形而上学の方法論的連続主義を擁護するうえでの，中心的主張の一つであった．もし本稿の議論が成功しているならば，P2 を理由に形而上学と経験科学は方法論を共有しているという見方を支持することは，少なくとも現状では問題含みである．

最後に，分析形而上学と経験科学の関係をどのように捉えるべきかについての，著者自身の展望を述べておきたい．まず，形而上学理論の特徴づけとしては，意味論的理解ではなく，伝統的な構文論的理解を採用するのが適当だと著者は考えている．これに伴い，形而上学的探究は，意味論的理解のもとでの科学的探究とは異なり，言語的手段を通じた世界のあり方の直接的な記述を目指していると見なすべきである．従って，科学理論の意味論的理解が正しい限り，形而上学的探究は，科学的探究とは方法論のレベルで大きく異なっていることになる．だがもしそうだとすれば，探究の方法論が大きく異なる以上，探究の対象に関しても全く異なると考えるのがもっともらしい．よって著者としては，次のような捉え方に見込みがあると思っている．つまり，分析形而上学は経験科学とは探究の方法も対象も大幅に異なっており，科学から隔絶した研究領域である．このような捉え方は，こんにち支配的な自然主義の潮流に反しており，多くの哲学者が抵抗を覚えるようなものかもしれない．これに対する著者の応答は，分析形而上学者の探究実践を観察する限り，大部分の形而上学者は実際に自然主義的でない，というものである．とはいえ，これらの展望を詳しく展開する作業は別の機会に行いたい [17]．

注

[1] 厳密に言えば，科学的探究において用いられるモデルの中には風洞模型のように，現実的かつ具体的なものもある．とはいえ，本稿の議論の文脈では，この種のモデルを考察の対象から除外しても問題は生じない．

[2] ポールならびにゴドフリー＝スミスの立場を巡る細かい論点について補足しておく．ポールは，形而上学理論をモデルのクラスとして理解することができるという自らの主張は，必ずしも理論の意味論的理解を前提する必要はないという注釈を付け加えている（p.3, n.4; p.12）．ただし，その場合に彼女の議論が具体的にどのように展開されるのかは定かではない．そして，この論点に関する彼女の実際の叙述は，もっぱら理論の意味論的理解を前提したものである．そういうわけで，彼女の議論を本稿のように整理することは十分に許容されると考えられる．また，ゴドフリー＝スミスは，自らの立場

が「理論の意味論的理解」の陣営に分類されることに難色を示すかもしれない（cf. Godfrey-Smith (2006b)）．しかしながらこの不満は主に，「意味論的理解」という用語法が近年の科学哲学で極めて多義的な仕方で用いられることに起因している．彼の立場を本論文の文脈で「理論の意味論的理解」に分類することには，深刻な問題はないように思われる．

³ ただし，典型的な形而上学理論であっても，ひとの同一性のようにより "応用的" なトピックを扱う理論に関しては，本節の議論のいくつか（特に 2.3 など）は適用できないかもしれない．よって正確に言えば，本節の以降の議論が十分に当てはまるのは，形而上学理論の典型例のうち，更に限定された種類に対してである．しかしそのような限定のもとでも，本節の議論は，P2 に対する批判としてはなお効力をもつと思われる．

⁴ 近年，T. ウィリアムソンのような指導的な哲学者が，モデル構築を哲学一般の主要な方法論として位置づけようという方針を推進している（Williamson (2017), (2018)）．このような情勢のもと，理論的探究の場面において自らが行なっているのはモデル構築である，という自己認識をもっている形而上学者が，ある程度増えている可能性はある．ただし，ウィリアムソンは形而上学に関しては，この方針の適用を巡って慎重な態度をとっているということに注意すべきである．(2018) では形而上学は自らの方針の例外としている．(2017) では，形而上学的探究においてもモデル構築が行われる場面があると述べているが，そこで実際に言及されているのはメレオロジーの数学的性質を扱った研究である．著者の見立てでは，それはむしろ哲学的論理学に属する事例である．また結局のところ同論文でも，形而上学は，自らの方針が典型的に適用される分野であるとは考えていないように見える．

⁵ ゴドフリー＝スミスは，自らの提案が形而上学者の実践に対して一定以上改訂的もしくは規範的な側面をもつと考えている（Godfrey-Smith (2006a)）．よって彼の視点からすると，本節の批判は彼の提案に対してすれ違っているように捉えられるかもしれない．しかしながら，仮に P2 がある程度以上改訂的な提案として提出されているとしても，依然として，形而上学者の実践の典型的な要素を保存もしくは反映しているべきである．そして著者の考えるところでは，以下で指摘される点は，形而上学者の実践においてかなり典型的に見出せるようなものである．

⁶ 一部の唯名論者は，数学的対象も決して問題含みでないとは言えない，と主張するかもしれない．だが，数学がどれほど広範な分野において利用されているかを考慮すれば，大部分の形而上学者は，数学的対象の存在論を少な

くとも暫定的には許容するように思われる.

⁷ 原文では「もし *c* が生起していたら」となっているが,明らかな誤記であると思われるので修正した.

⁸ ルイスのように,様相論理のモデル論の分野で重要な貢献をなしつつ因果関係の反事実条件法分析についても論じた哲学者がいることにより,ときにこれらが一体のものであるかのように捉えられることもある.だがルイス自身も注意しているように(cf. Lewis (1986), pp.17–20),様相論理のモデル論と様相に関連した話題の形而上学とは,区別されるべき分野である.

⁹ この話題に関連して次の論点にも触れておきたい.ポールは論文の他の箇所で,因果関係の形而上学的考察において用いられるモデルの例として,いわゆるニューロン・ダイアグラムにも言及している(p.14).しかしながら,Hitchcock (2007) が指摘するように,形而上学者が「ニューロン・ダイアグラム」と称する図は,実際には様々な問題を抱えたものである.そしてそれらの問題が生じる一つの背景には,まさしく,ニューロン・ダイアグラムが数学的定式化に基づかないまま形而上学者の間で用いられているということがあるように思われる.これは,やはり Hitchcock (2007) が指摘するように,因果モデルによるアプローチで似た役割を果たす構造方程式つき因果グラフが,それらの問題に悩まされないのと対照的である.

¹⁰ この論点は,数学的構造説はいわゆる"質的"な記述が重視される分野の科学を適切に反映していないという,科学哲学内部でよく知られた批判と類比的である.cf. Downes (1992), Thomson-Jones (2012), Levy (2015).

¹¹ もちろん,指輪物語に登場する事物からなるシステムは一定の数学的構造を備えているだろうから,その数学的構造について探究し知識を得ることは可能だろう.しかしそれは別の話題である.また当然ながら,フィクションの記述自体に数学的構造の記述が含まれる場合は,そのフィクションについて理解しているためにはそこで記述される数学的内容を理解している必要がある.実際のところ,虚構的対象説の枠組みで科学的モデルを扱うにあたっては,大半の場合,フィクションの記述自体に数学的記述が含まれていることが想定されていると言える.しかしここでの要点は,一般的にはフィクションの記述に数学的内容が含まれている必要はないということである.

¹² この論点は,高度に理論的もしくは数学的に複雑な科学的モデルに関して虚構的対象説が抱える課題と類比的である.cf. Weisberg (2013), ch.4.4.

¹³ ただし公平に言えば,G. コンテッサ自身は,このような単純な可能的対

象説を更に洗練させた立場を展開している．しかしながら，以下で指摘する論点は，彼の立場にとっても依然として問題となる．

¹⁴ なおコンテッサ自身も，一部の科学的モデルについて，それに対応するフィクションが形而上学的に不可能なものになるかもしれないことを予見している．彼自身はこの問題に対処する方策として，論理的に可能な世界の全てを用意することを示唆している（p.221）．これはもちろん存在論的な負担を増大させるものだが，それに加え，この方策は依然として，一部の形而上学理論の内容を適切に扱えないと考えられる，つまり，例えばどのような可能世界が存在するかを述べる形而上学理論は，どの範囲の可能世界の存在を措定しようと，恐らく全ての可能世界で真理値が一致するからである．

¹⁵ トゥーンとレヴィの立場では，世界と一定の仕方で類似したモデルというものはもはや存在しない．代わりに，モデリングに関わる科学者の実践は，単に研究対象となる世界の事物について現実と異なる様々な仕方で想像し，それに基づくごっこ遊びに参加することに過ぎないと説明される．よって彼らの立場は，第1節で述べた，理論の意味論的理解がもつ間接的な性格を失うものであり，彼ら自身も自らのアプローチを「直接的」と形容している．しかし，本稿の批判対象であるポールとゴドフリー＝スミスの双方の議論において，モデル構築が世界の事物そのものを直接的に探究する行為から区別されるということは，重要な要素として強調されている．よって，本稿が批判する立場にとって，トゥーンとレヴィの方針は相容れないものと思われる．

¹⁶ 以上の説明に対し，「それでは，いわゆる世界像や（形而上学的）描像とは何なのか？」と問われるかもしれない．この問題に対して積極的な解答を与えることは本稿の射程を大幅に超える．しかしいずれにせよ，少なくとも科学的モデルと同じ種類のものではない，というのが著者の主張であり，本稿の目的にとってはひとまずそれで十分である．

¹⁷ 本稿は2019年度石本基金若手研究助成成果報告書である．執筆が大幅に遅れてしまったことを関係者の皆様に深くお詫びしたい．柏端達也，鈴木生郎ならびに匿名の査読者には，原稿に貴重な助言を頂いたことを感謝する．

文献

[1] Contessa, G. (2010), "Scientific Models and Fictional Objects", *Synthese* 172: 215–29.

[2] Downes, S. M. (1992), "The Importance of Models in Theorizing: A Deflationary Semantic View", *PSA: Proceedings of the Biennial Meeting*

of the Philosophy of Science Association 1: 142–53.

[3] Frigg, R. (2010), "Models and Fiction", *Synthese* 172: 251–68.

[4] Godfrey-Smith, P. (2006a), "Theories and Models in Metaphysics", *Harvard Review of Philosophy* 14: 4–19.

[5] ——(2006b), "The Strategy of Model-Based Science", *Biology and Philosophy* 21: 725–40.

[6] ——(2009), "Models and Fictions in Science", *Philosophical Studies* 143: 101–16.

[7] Hitchcock, C. (2007), "What's Wrong with Neuron Diagrams?", in Campbell, J. K., O'Rourke. M. & Silverstein, H. (eds.), *Causation and Explanation*, MIT Press, pp.69–92.

[8] ——(2009), "Causal Modelling", in Beebee, H., Hitchcock, C. & Menzies, P. (eds.), *The Oxford Handbook of Causation*, Oxford University Press, pp.299–314.

[9] Ladyman, J. & Ross, D. (2007), *Every Thing Must Go: Metaphysics Naturalized.* Oxford University Press.

[10] Levy, A. (2015), "Modeling without Models", *Philosophical Studies* 172: 781–98.

[11] Lewis, D. (1973), *Counterfactuals.* Basil Blackwell. （ルイス, D., 吉満昭宏訳.『反事実的条件法』. 勁草書房, 2007 年）

[12] ——(1986), *On the Plurality of Worlds.* Basil Blackwell. （ルイス, D., 出口康夫ほか訳.『世界の複数性について』. 名古屋大学出版会, 2016 年）

[13] Novick, A. (2017), "Metaphysics and the *Vera Causa* Ideal: The Nun's Priest's Tale", *Erkenntnis* 82: 1161–76.

[14] Paul, L. A. (2012), "Metaphysics as Modeling: The Handmaiden's Tale", *Philosophical Studies* 160: 1–29.

[15] Pearl, J. (2000), *Causality: Models, Reasoning, and Inference.* Cambridge University Press. （パール, J., 黒木学訳.『統計的因果推論——モデル・推論・推測』. 共立出版, 2009 年）

[16] Saatsi, J. (2016), "Explanation and Explanationism in Science and Metaphysics", in Slater, M. H. & Yudell, Z. (eds.), *Metaphysics and the Philosophy of Science*, Oxford University Press, pp.163–91.

[17] Sider, T. (2001), *Four-Dimensionalism.* Oxford University Press. （サ イダー, T., 中山康雄ほか訳. 『四次元主義の哲学』. 春秋社, 2007 年）

[18] Suppes, P. (1957), *Introduction to Logic.* Van Nostrand.

[19] ——(1960), "A Comparison of the Meaning and Uses of Models in Mathematics and the Empirical Sciences", *Synthese* 12: 287–301.

[20] Thomson-Jones, M. (2012), "Modeling without Mathematics", *Philosophy of Science* 79: 761–72.

[21] 戸田山和久. (2015), 『科学的実在論を擁護する』. 名古屋大学出版会.

[22] Toon, A. (2012), *Models as Make-Believe.* Palgrave Macmillan.

[23] van Inwagen, P. (1990), *Material Beings.* Cornell University Press.

[24] Weisberg, M. (2013), *Simulation and Similarity: Using Models to Understand the World.* Oxford University Press. （ワイスバーグ, M., 松王 政浩訳. 『科学とモデル』. 名古屋大学出版会, 2017 年）

[25] Williamson, T. (2017), "Model-Building in Philosophy", in Blackford, R. & Broderick, D. (eds.), *Philosophy's Future: The Problem of Philosophical Progress,* Wiley-Blackwell, pp.159–71.

[26] ——(2018), "Model-Building as a Philosophical Method", *Phenomenology and Mind* 15: 16–22.

（慶應義塾大学）

書評論文

統計力学の概念生成とその基礎にあるもの
―稲葉肇著『統計力学の形成』に寄せて―

原田雅樹

Abstract

This paper aims at understanding Hajime Inaba's *The Making of Statistical Mechanics*, which treats the history of statistical mechanics from Helmholtz to von Neumann. While this book uses some physical concepts and symbols variously according to historical contexts, this paper gives its interpretation from the point of view of modern physics, supported by some contemporary manuals of thermodynamics, statistical mechanics and cavity quantum electrodynamics (CQED). This contemporary interpretation may be helpful for understanding of Inaba's historical book. This paper also gives useful materials for philosophical reflections on the relation between thermodynamics, i.e. macrophysics, and statistical mechanics, i.e. microphysics, and also on the function of CQED as opening a way to mesophysics.

0. 序

　稲葉肇著『統計力学の形成』（以下，「本書」と呼ぶ）は，統計力学の黎明期におけるマクスウェル，ヘルムホルツの力学的かつ統計学的な発見法から，その完成に偉大な貢献をなすボルツマンやギブス，そして統計力学的な視点において量子物理学の誕生を促したプランクを経て，量子統計力学を数学的に整備したフォン・ノイマンに至る歴史を描いたものである．これだけ包括的に統計力学の歴史を記述した書籍は日本では他になく，本書の物理学史おける貢献は大きい．しかし，本書を読んでいて，科学史書を書いたり読んだりすることの難しさを感じた．というのも，たとえ現代科学についての知識を読者が持っていたとしても，その概念や用語，そして記号法が，当時

と現代では異なっていることが多く，理解するのに困難を覚えるからである．科学史書の著者が，科学者が創造し，使用した概念，用語，記号法に史的に忠実であろうとすればするほど，現代科学のそれらと異なってしまい，混乱を招いたり，それを理解するためのハードルが高くなったりしてしまう．そこで，本書評では，できる限り現代の記号法に近い記号を一貫して用い，現代的概念に翻訳しながら，また，概念間の論理的関係を明確にしながら本書の大筋を辿る．

本書評においては，現代の熱力学，統計力学，そして量子力学を視野に入れた．第3節では，現代量子力学の観測問題に関わるデコヒーレンスの理論を構成する量子統計物理学と散逸系の物理学の統合の中には，フォン・ノイマンの考えた量子力学の観測問題と熱統計力学的な視点が見出されることを示した．また，メソの世界の物理学がミクロの世界とマクロの世界の関係を理解するために重要な役割を担っていることも示した．これは，第1節と第2節で扱われる熱力学と統計力学の関係を考えるうえでも重要になってくるであろう．

1. マクスウェル，ヘルムホルツ，ボルツマンからギブスへ

（a）前統計力学における「力学的アナロジー」

統計力学はいかにして誕生したのか．まず，マクスウェルにより気体運動論に統計的方法が導入され，それをボルツマンが拡張した（本書，第1章）．そして，ヘルムホルツがラグランジュやハミルトンによって発展させられた解析力学の手法を用いて，続いて，ボルツマンがアンサンブル理論を導入することによって，現象論的な熱力学を演繹的に導出することを試みた．ボルツマンは，「ホローデ」と呼ばれるカノニカル・アンサンブル（カノニカル分布），「エルゴーデ」と呼ばれるミクロカノニカル・アンサンブル（ミクロカノニカル分布）を導入したのである（本書，第2章）．流体力学や解析力学によりながら，ヘルムホルツやボルツマンが統計力学を生み出していった方法を，本書は「力学的アナロジー」と呼ぶ．

1937年に出版された古典的なランダウ＝リフシッツの統計力学の教科書の第1章の初めの部分の記述は，このマクスウェル，ヘルムホルツ，ボルツマンらによって生み出された「力学的アナロジー」にほぼ対応する．そこでは，まず，統計分布について説明される．n 次元の位置座標 q_i と運動量 p_i（$i = 1, 2, 3, \cdots, n$）とからなる $2n$ 次元の位相空間を考える．ここで，粒子数が N 個の運動を記述する位相空間の次元は $2n = 6N$ となる．そして，q_i, p_i と $q_i + dq_i, p_i + dp_i$ との間の無限に小さい区間に，$dqdp = dq_1...dq_ndp_1...dp_n$ として，

$$dw = \rho(p,q)\,dqdp := \rho(q_1,...,q_n,p_1,...,p_n)\,dqdp \tag{1.1}$$

という値の確率を導入する. $\rho = \rho(p,q)$ は位相空間における確率分布の〈密度〉の役割を果たすもので, (統計)分布関数といわれ, それは

$$\int \rho\, dqdp = 1 \tag{1.2}$$

という規格化条件を満たすように定められている. このような統計的な考え方は, ボルツマンによって導入されたものである (本書, 1-2-1).

また, 一方で, 位相空間に分布した任意の物理量 $A(p,q)$ の統計的平均を

$$\langle A \rangle = \int A(p,q)\rho(p,q)\,dqdp \tag{1.3}$$

他方で, その物理量の時間とともに変化する様子を追跡した関数 $A(t)$ の時間的平均を

$$\hat{A} = \lim_{T \to \infty} \frac{1}{T} \int_0^T A(t)\,dt \tag{1.4}$$

とをすると, 統計的的平均と時間的平均は完全に同等であることは明らかである, とランダウ＝リフシッツの教科書はしている. これは, ボルツマンのエルゴード仮説である.

分布関数は, 統計的独立性を保持しているが, その分布関数の流れというものが考えられる. 3次元空間 $\boldsymbol{x}$ における密度 $\rho(\boldsymbol{x})$ の物質の流れ $\boldsymbol{v} = \dot{\boldsymbol{x}}$ についての連続の方程式は, t を時間として

$$\frac{d\rho}{dt} = \frac{\partial \rho}{\partial t} + \mathrm{div}(\rho \boldsymbol{v}) = \frac{\partial \rho}{\partial t} + \sum_{i=1}^{3} \frac{\partial}{\partial x_i}(\rho \dot{x}_i) = 0 \tag{1.5}$$

となるが, それとアナロジカルに, 位相空間での分布関数 $\rho(p,q,t)$ の流れの連続の方程式は

$$\frac{d\rho}{dt} = \frac{\partial \rho}{\partial t} + \sum_{i=1}^{n} \left[\frac{\partial}{\partial q_i}(\rho \dot{q}_i) + \frac{\partial}{\partial p_i}(\rho \dot{p}_i) \right] = 0 \tag{1.6}$$

となる. ここで, 定常流

$$\frac{\partial \rho}{\partial t} = 0 \tag{1.7}$$

すなわち,

$$\sum_{i=1}^{n} \left[\dot{q}_i \frac{\partial \rho}{\partial q_i} + \dot{p}_i \frac{\partial \rho}{\partial p_i} + \rho \left(\frac{\partial \dot{q}_i}{\partial q_i} + \frac{\partial \dot{p}_i}{\partial p_i} \right) \right] = 0 \tag{1.8}$$

を考える[1]．そして，この分布関数の定常流を統計的な平衡状態として捉える[2]．

　ところで，考えている部分系の全エネルギーに対応するハミルトン関数を $H = H(p,q)$ とすると，ハミルトンの正準方程式は

$$\dot{q}_i = \frac{\partial H}{\partial p_i}, \quad \dot{p}_i = -\frac{\partial H}{\partial q_i} \tag{1.9}$$

となるが，これから

$$\frac{\partial \dot{q}_i}{\partial q_i} = \frac{\partial^2 H}{\partial q_i \partial p_i} = -\frac{\partial \dot{p}_i}{\partial p_i} \tag{1.10}$$

となる[3]．これを用いると，式 (1.8) は

$$\frac{d\rho}{dt} = \sum_{i=1}^{n}\left[\frac{\partial \rho}{\partial q_i}\dot{q}_i + \frac{\partial \rho}{\partial p_i}\dot{p}_i\right] = \sum_{i=1}^{n}\left[\frac{\partial \rho}{\partial q_i}\frac{\partial H}{\partial p_i} - \frac{\partial \rho}{\partial p_i}\frac{\partial H}{\partial q_i}\right] = 0 \tag{1.11}$$

となるが，これが分布関数のリウヴィユの定理である（ランダウ＝リフシッツ『統計力学』，第 1 章 3 節）．以上のように，ランダウ＝リフシッツの教科書は，エルゴード仮説やハミルトンの正準方程式，リウヴィユの方程式といった「力学的アナロジー」に依拠したものと言うことができるであろう．

(b) カノニカル分布，ミクロカノニカル分布，グランドカノニカル分布

　本書の要である第3章の目的は，1902年に出版されたギブスの『統計力学の基礎的諸原理』の解読である．式 (1.11) の ρ についての解

$$\rho = \frac{\exp(-\beta H)}{\exp(-\beta F)} = \exp \beta(F - H) \tag{1.12}$$

についての考察が，ギブスの『統計力学の基礎的諸原理』の出発点である（本書 p. 135）．ここで，β と F は，ρ の規格化条件を満たすためのパラメータであるが，β は現在の物理学では逆温度となっているパラメータ，$\exp(-\beta F)$ は分配関数 (partition function) $Z(\beta)$ に対応している．ただし，ここで F は β と独立でなく，β の関数となっていることに注意しなくてはいけない．このような分布 ρ は，今日，「カノニカル分布（またはカノニカル・アンサンブル）」と呼ばれ，また，F はヘルムホルツの自由エネルギーと呼ばれるものであり，

$$F = -\frac{1}{\beta}\log Z(\beta) \tag{1.13}$$

となっている[4]. また, ギブスは$\log\rho = \beta\,(F\text{-}H)$ のことを「確率指数」と呼んでいるが, この期待値

$$\mathbf{H} = \int \rho\log\rho dqdp = \beta(F - \langle H \rangle) \tag{1.14}$$

は, ボルツマンがH定理で減少すると主張した物理量であり (本書, p.35), エントロピーの定数倍 (ボルツマン定数をk_Bとして$-k_B^{-1}$倍) となっている[5].

現代的な表記をもう少し進めてみよう. ハミルトン関数は, 様々なエネルギーの値E_iをとる. そのようなエネルギーの値をとる確率を表すカノニカル分布の規格化因子である分配関数は, $Z(\beta) = \sum_i \exp(-\beta E_i)$ と全ての可能なエネルギーの値E_iについての和をとることで表現される. そして, 量子力学においては, エネルギーの値E_iは, ハミルトン演算子Hの固有値 (エネルギー固有値) となっている. すなわち, 現代では, カノニカル分布は, 式 (1.1) で導入された確率分布の密度をρをpと記号をあらためて

$$p_i^{(\mathrm{can},\beta)} = \frac{\exp\,(-\beta E_i)}{Z\,(\beta)} \tag{1.15}$$

と書かれ, エネルギー固有値E_iが出現する確率となっている. ここで, パラメータとなっているβは, ボルツマン定数をk_B, 絶対温度をTとして, $\beta = (k_B T)^{-1}$となっている.

ギブスは, カノニカル分布のほか, ミクロカノニカル分布を導入する. 内部エネルギーU, 体積V, 粒子数Nを一定に保った平衡状態 (U, V, N) を記述する確率分布であるミクロカノニカル分布について, 現代的な表現で書いておく.

ミクロカノニカル分布:系のエネルギー固有状態$i = 1, 2, 3,...$ の中からエネルギー固有値E_iが$U - V\delta < E_i \leq U$を満たすものを全て拾い出し, それらを「許されるエネルギー固有状態」と呼ぶ. この確率モデルでは, 許されるエネルギー固有状態の全てが, 等しい確率で出現する. ここで, パラメータδを調節することで, E_iの取ることのできるエネルギーの値を狭めてやる. すなわち, $W_{V,N}(U,\delta)$は$U - V\delta < E_i \leq U$を満たすiの総数として, ミクロカノニカル分布は

$$p_i^{(\mathrm{MC})} = \begin{cases} \dfrac{1}{W_{V,N}(U,\delta)}, & U - V\delta < E_i \leq U \text{ が成り立つとき} \\ \quad 0, & \text{それ以外} \end{cases} \tag{1.16}$$

となる. ミクロカノニカル分布$p_i^{(\mathrm{MC})}$は, エネルギー固有状態iが出現する確率である. (田崎『統計力学』Ⅰ, pp. 92-93)

ミクロカノニカル分布からは,「ボルツマンの原理」と呼ばれるエントロ

ピーの表式

$$S[U,N,V] = k_B \log W_{V,N}(U,\delta) \tag{1.17}$$

が導出される.

　ギブスはさらに，グランドカノニカル分布も導入する．グランドカノニカル分布では，系の体積と粒子数が一定に保たれているカノニカル分布に対して，体積を一定に保ちながらも粒子の出入りがあり，粒子数の変化がある系を考える．ここで注目する系は，より大きな系と接触していて，両者のあいだではエネルギーと粒子がゆるやかに行き来できるとする．全系は外界から完全に孤立しており，この状況で長い時間がたてば平衡状態が実現する．同一粒子が互いに区別できるとするならば，注目する系が粒子の数をNとして，エネルギー固有状態 (N, i) をとる確率は，

$$p_{N,i}^{(\mathrm{GC},\beta,\mu)} = \frac{\exp\left(-\beta E_i^{(N)} + \beta\mu N\right)}{N!\,\Xi_V\,(\beta,\mu)} \tag{1.18}$$

である．ここで，

$$\Xi_V\,(\beta,\mu) = \sum_{N=0}^{\infty} \frac{1}{N!} \sum_i \exp\left(-\beta E_i^{(N)} + \beta\mu N\right) = \sum_{N=0}^{\infty} \exp(\beta\mu N) Z_{V,N}$$
$$Z_{V,N}\,(\beta) = \sum_i (1/N!)\exp\left(-\beta E_i^{(N)}\right) \tag{1.19}$$

である．$Z_{V,N}(\beta)$ は粒子数がNの系の分配関数であり，$\Xi_V(\beta,\mu)$ は大分配関数 (grand partition function) と呼ばれ，μ は化学ポテンシャルと呼ばれる量である．なお，同一粒子が区別できない場合は，

$$p_{N,i}^{(\mathrm{GC},\beta,\mu)} = \frac{\exp\left(-\beta E_i^{(N)} + \beta\mu N\right)}{\Xi_V\,(\beta,\mu)}$$
$$\Xi_V\,(\beta,\mu) = \sum_i \exp\left(-\beta E_i^{(N)} + \beta\mu N\right) \tag{1.20}$$

となり，現実に扱う量子系ではこの同一粒子が区別できないものとなっている．また，ここでは，粒子は一種類としているが，多種の粒子がある場合への拡張は容易であり，その場合には異なった化学ポテンシャルを導入することになる（田崎『統計力学』II, 8-1).

　ギブスは，同一粒子が区別できる場合を特称相 (specific phase)，区別できない場合を総称相 (generic phase) と呼び，複数の種類の粒子が存在する

場合について扱っている．なお，ギブスの記号法による規格化のためのパラメータ Ω は，$\exp(-\beta\Omega) = \Xi_\nu(\beta,\mu)$ を満足するものであり，グランドカノニカル分布の対数，すなわち確率指数は，

$$\Omega - \beta E_i^{(N_1,\cdots,N_h)} + \beta \sum_{j=1}^{h} \mu_j N_j \tag{1.21}$$

となる．ここで，$j = 1,\cdots,h$ は粒子の種類を表すインデックスである（本書 pp. 136-138）．

(c) ギブスの方法

　ギブスは，このようにしてカノニカル分布，ミクロカノニカル分布，グランドカノニカル分布を導出したが，それは本書によれば次の議論を用いている．

　　通常の大きさの物体を考えるとき，カノニカル・アンサンブル（カノニカル分布）においては，系のエネルギーの値のアンサンブル平均からの「ずれ」はきわめて小さいのだから，アンサンブルに属している系は，われわれにとっては全てほぼ同じエネルギーを持つものに見えるのであるということになる．これは大自由度系の統計的な性質に訴えた議論である（本書 pp. 139-140）．

このようなギブスの議論に対応するようにして，田崎氏の教科書は「マクロに見たときのただ一つの普遍的な平衡状態と，ミクロに見たときの膨大な数の状態は，どのように対応するのか」という問いを立てる（田崎『統計力学』Ⅰ，p. 83）．田崎氏はこの質問に対して，「マクロに見た平衡状態の性質とは，個々の量子状態の性質ではなく，『マクロに見てエネルギーが（ほぼ）U である状態』（許される量子状態）のうちのほとんどすべてが共通にもっている性質（典型的な性質）である」と答える（田崎『統計力学』Ⅰ，p. 88）．この田崎氏の見解はギブスの議論にきわめて近いものである．このような統計力学の基本にある考え方を，本書の著者は「大自由度系におけるゆらぎの小ささ」と呼ぶ[6]．

　ギブスの統計力学へのアプローチの方法は，「われわれが観測している系は，対応するアンサンブルの中からランダムに選んだものと見なせる」（本書，p. 140）としたものであり，本書の著者はこれを「アプリオリ等確率の原理」と呼び，統計力学の基礎にある考え方として捉える．本書第7章3節は，トルマンの統計力学を扱っているが，その中で彼が演繹的な体系としての統計力学のために措定した「アプリオリ等確率の仮説」について述べる．

「アプリオリ等確率の仮説」は，所与の系がある状態にある確率は，われわれがその系の状態に関して持っている知識に対応する位相空間の体積に比例することを意味する．この措定は，われわれが部分的な知識しか得ていないような対象系に関する最善の予測を，対応するアンサンブルにおける平均を計算することで得ることができるということを保証するために必要とされる（本書, p. 321）.

本書は続ける.

　アプリオリ等確率の確率の仮説を前提したうえで，トルマンはアンサンブルとわれわれがその状態について部分的な知識を持っている対象系との関係を考察する．彼によればその関係の最も重要な点は，アンサンブルが対象系についてのわれわれの知識と整合的に分布しつつも，われわれの知識が及ばないところではアプリオリ等確率の仮説により一様に分布するということである（本書, p. 321）.

田崎氏の教科書も，等確率の原理を統計力学の基礎として考えている．「平衡統計力学とは，マクロな系の平衡状態の（マクロな）性質を，系のミクロな力学の情報に基づいて，定量的に特徴づけるための理論的な枠組みである」（田崎『統計力学』I, p. 88）と考える田崎氏は量子系の観測という観点から次のように述べる.

　「マクロに見てエネルギーが(ほぼ)Uである状態」（許される量子状態）の全てが等しい確率モデルを考える．この確率モデルで，マクロな物理量のふるまいを調べれば，典型的な性質（つまり，平衡状態の性質）が見られるはずだ．「許される量子状態」の全てに同じ重みを与えるというこの戦略は，等重率の原理（principle of equal weights）あるいは等確率の原理（principle of equal probabilities）と呼ばれている（田崎『統計力学』I, p. 89）.

さらに，ギブスが『統計力学の基礎的諸原理』の中で，エルゴード性への明確な言及をせず，「時間アンサンブルを用いることで時間平均と（ミクロカノニカルな）アンサンブル平均の関係を引き出すこともしていない」(本書, pp. 141）にもかかわらず，ボルツマンのように「系の力学的な振る舞いとミクロカノニカル・アンサンブルの関係について一定の考察をしていたことは確かである」と本書は述べる（同）．これは，「系の力学的な性質」と著者の呼ぶ性質が統計力学に見出されるということを意味している．マクスウェルの考え方にはそれが典型的に現れている.

　統計力学の基礎づけに関してマクスウェルがとった方法は，純粋に統計的なものではなかった．彼は「統計的方法」に対して「動力学的方法」

を優先させ，対象とする系がエルゴード性という力学的な性質をもつという仮定に訴えてアンサンブルの使用を正当化したのである（本書，p. 331）.

エルゴード性を重視する立場はフォン・ノイマンの1932年の平均エルゴード定理に結実する．しかし，この定理は，物理学的というよりも，数学的なものである．フォン・ノイマンの平均エルゴード定理後のトルマンは，「エルゴード仮説による力学的基礎づけという方針そのものが，統計力学の統計的探求という基本精神」（本書，p. 324）にそぐわないと，エルゴード仮説を批判する．そして，トルマンは，統計力学を力学によって基礎づけようとしたマクスウェルやボルツマンを批判し，統計力学の「真に統計的な性格」を，マクスウェルよりも徹底させた（本書, p. 327）.

　一方，エルゴード仮説は統計力学にとっての基礎原理ではないと考える田崎氏は次のように述べる．

　　たとえば，N個の粒子のうちたった一つが，立方体の中をくまなく旅するのにかかる時間でさえ，ごく短めに見積もっても数年のオーダーになる．複数の粒子の組み合わせを考えれば，必要な時間は，たちまち宇宙年齢などをはるかに凌駕してしまう．物理的な測定の時間の範囲内に，エルゴード性による［物理的に自然な時間平均とミクロカノニカル分布での平均（相空間平均）とが等しいという］等式が意味をもつ可能性など微塵もないのだ．この議論からも明らかなように，エルゴード性のシナリオは粒子が多くなればなるほどますます非現実的になっていく（田崎『統計力学』I, p. 99）.

この田崎氏の立場は「真に統計的な性格」を徹底させたトルマンの立場を受け継いでいると言えるであろう．このような歴史的足跡をたどったエルゴード理論は，統計力学における位置づけは必ずしも確固たるものではないが，数学の文脈（〈力学系〉）の中でフォン・ノイマン以後，大いに発展を遂げてきた．本書においても次のように述べられている．

　　平均エルゴード定理の前提が満たされるために必要な時間間隔の長さに対する評価の仕方や，現実の物理系が測度論的可遷性を満たすかどうかは必ずしも明らかではない．フォン・ノイマンのエルゴード定理はエルゴード理論と呼ばれる数学的理論の出発点となったが，統計力学という物理理論の基礎として，異論の余地のないものではなかった（本書，p. 310）.

　上で述べた三つのアプローチ，すなわち「大自由度系におけるゆらぎの小ささ」，「アプリオリ等確率の原理」，そして「系の力学的な性質」を，ギブ

スは統計力学の基礎として考えていたようにも見えるが，それはアイディア
に留まり，何が基礎かについては明確な答えを出していないと，本書の著者
は述べている．これについて少し考えてみよう．これまで見たことによれ
ば，「大自由度系におけるゆらぎの小ささ」と「アプリオリ等確率の原理」
については，ギブスは田崎氏に近い考え方を持っていた．また，エルゴード
仮説についても，それに言及しないギブスは，トルマンを経てエルゴード仮
説に統計力学の基礎をおいてはならないと考える田崎氏の立場に近づく可能
性を萌芽として持っていたように思われる．ただし，ギブスは，カノニカル
分布をハミルトンの正準方程式やリウヴィユの定理から導き出しており，こ
のことを本書はギブスがヘルムホルツやボルツマンから引き継いだ「力学的
アナロジー」であると捉えている．この点は，リウヴィユの定理を統計力学
の基礎におかない田崎氏の立場と異なるのかもしれない．ハミルトンの正準
方程式やリウヴィユの定理，さらにはエルゴード仮説については，古典的な
ランダウ＝リフシッツの教科書の初めに述べられている．その意味で，1937
年に出版されたランダウ＝リフシッツの教科書は，おそらくアインシュタイ
ンやフォン・ノイマンの影響もあってギブスよりも強く「力学的アナロ
ジー」を引き継いでいるのであろう．それに対し，トルマンを経て，現代の
田崎氏の教科書は本書の言う「力学的アナロジー」の残渣を取り除いた統計
力学を考えている．

（d）熱力学的アナロジー

　ランダウ＝リフシッツの教科書から60年を経て出版された田崎氏の教科
書は，「力学的アナロジー」の残渣を取り除いたと述べたが，それでは，そ
れはどこに方向づけられるのだろうか．それは，本書第3章の扱うギブスの
考え方に見出される「熱力学的アナロジー」に向かうように思われる．ギブ
スは，カノニカル分布，ミクロカノニカル分布，グランドカノニカル分布を
用いて熱力学的な法則を導出する．これをギブスは「熱力学的アナロジー」
と呼ぶ．カノニカル分布の系における物理量A_iの平均値ないし期待値$\langle A \rangle$は

$$\langle A \rangle = \sum_i A_i p_i^{(\mathrm{can},\beta)} = \sum_i A_i \frac{\exp{(-\beta E_i)}}{Z(\beta)} = \sum_i A_i \exp{\beta(F - E_i)}$$

$$Z(\beta) = \sum_i \exp{(-\beta E_i)} = \exp{(-\beta F)}$$

(1.22)

となる．ここで，iを位相空間(p, q)での連続点とすると，

$$\langle A \rangle = \int A(p,q) \frac{\exp(-\beta E(p,q))}{Z(\beta)} dqdp = \int A(p,q) \exp \beta(\psi - E(p,q)) dqdp \tag{1.23}$$

$$Z(\beta) = \int \exp(-\beta E(p,q)) dpdq = \exp(-\beta\psi)$$

となる．ここで，エネルギーについて考えると，その平均値 $\langle H \rangle$ は，離散的な場合には，式 (1.22) より

$$\langle H \rangle = \sum_i E_i \frac{\exp(-\beta E_i)}{Z(\beta)} = \sum_i E_i \exp \beta(F - E_i) \tag{1.24}$$

であり，連続的な場合には，式 (1.23) より

$$\langle H \rangle = \int E(p,q) \frac{\exp(-\beta E(p,q))}{Z(\beta)} dqdp = \int E(p,q) \exp \beta(F - E(p,q)) dqdp \tag{1.25}$$

である．これらは，現代的な書き方をすれば，エネルギーの状態が離散的な場合にも連続的な場合にも

$$\langle H \rangle = -\frac{\partial}{\partial \beta} \log Z(\beta) \tag{1.26}$$

となっていることが分かる．そして，ヘルムホルツの自由エネルギーは

$$F(\beta) = -\frac{1}{\beta} \log Z(\beta) \tag{1.27}$$

エントロピーは

$$S = -\frac{\partial F(\beta)}{\partial T} \tag{1.28}$$

と統計力学的に定義される．式 (1.26) − 式 (1.28) より

$$S = \left\{ \frac{1}{T} \langle H \rangle - k_B \log Z(\beta) \right\} = \frac{1}{T} \{ \langle H \rangle - F(\beta) \} \tag{1.29}$$

となる．

　ここで，エネルギーの状態が連続的な場合に，等温で体積を変化させる操作をほどこすことを考える．$Z(\beta)$ は体積によるので，式 (1.23) を

$$Z(\beta) = Z(\beta, V) = \int_{V^n} dq \int_{\mathbb{R}^n} dp \exp(-\beta E(p,q)) dpdq \tag{1.30}$$

と書くことにする．ここで，粒子数を N として，$n = 3N$ 次元を考えている．また，位置座標と運動量に関する積分を施しているが，通常の体積を V

として，位置座標 q に関する積分の領域 V^n の体積が $\mathrm{vol}(\mathrm{V}^n) = V^N$ であること
を思い出しておく．n 次元空間の中で位置座標 q_i の積分範囲を dq_i だけ微小
に変化させると $k_B \log Z(\beta, V)$ は，

$$\frac{1}{T} \sum_{i=1}^{n} \left(\frac{\int_{\mathrm{V}^{n-1}} dq_1 \dots dq_{i-1} dq_{i+1} \dots dq_n \int_{\mathbb{R}^n} dp\, (-\beta) \frac{\partial}{\partial q_i} E(p,q) \exp\left(-\beta E(p,q)\right)}{Z(\beta, V)} \right) dq_i \tag{1.31}$$

$$= \frac{1}{T} \sum_{i=1}^{n} \langle -\frac{\partial}{\partial q_i} E(p,q) \rangle dq_i$$

だけ変化する．式（1.29）と式（1.31）を考慮して，等温操作した際のエン
トロピーの微小変化量は，

$$dS = \left\{ \frac{1}{T} d\langle H \rangle + \frac{1}{T} \sum_{i=1}^{n} \langle \frac{\partial}{\partial q_i} E(p,q) \rangle dq_i \right\} \tag{1.32}$$

すなわち，

$$d\langle H \rangle = T\, dS - \sum_{i=1}^{n} \langle \frac{\partial}{\partial q_i} E(p,q) \rangle dq_i \tag{1.33}$$

となる[7]．なお，ここで，$-\langle \frac{\partial}{\partial q_i} E(p,q) \rangle$ が1粒子の与える q_i 方向の力である
ことに注意しておこう．一方，熱力学から等温操作のもとでは，P を圧力と
すると，

$$dF(T, V) = -P dV \tag{1.34}$$

となるので，

$$d\langle H \rangle = T\, dS - P dV \tag{1.35}$$

となる．ここで，$\sum_{i=1}^{n} \langle \frac{\partial}{\partial q_i} E(p,q) \rangle dq_i = P dV$ となることに注意しておこう．
さらに，これは温度と体積を変化させた際の熱力学的な関係

$$dF(T, V) = -S dT - P dV \tag{1.36}$$

をカノニカル分布において統計力学的に意味づけた（本書, p. 142）．

そして，ミクロカノニカル分布，さらにはグランドカノニカル分布におい
ても同様に，温度，体積，圧力，粒子数，内部エネルギー，フレドホルムの
自由エネルギー，エントロピーの熱力学的な関係を統計力学的にギブスは意
味づけたのである．

2. プランク

(a) 離散的な状態数とエントロピーの関係の導入

プランクは，ボルツマンが「コンプレクシオン」として導入した状態数ないし状態分布の概念による確率的な考え方よって統計力学を基礎づける（本書，第6章）．プランクは一定温度 T に保たれた容器内で熱力学平衡にある黒体輻射について考える．彼は，1897年から1899年にかけて，振動数 ν の黒体輻射のスペクトル密度 $\rho(\nu, T)$ と仮説的な「共鳴子」の平均エネルギー $\langle H \rangle(\nu, T)$ との間に，光速を c として

$$\rho(\nu, T) = \frac{8\pi \nu^2}{c^3} \langle H \rangle(\nu, T) \tag{2.1}$$

という関係があることを見出す．このような関係によって「共鳴子」は同じ振動数の黒体輻射を介して相互にエネルギーを交換している（プランク『熱輻射論講義』の西尾成子による「訳者解説」p. 348）．

1901年，プランクは，離散的なエネルギー単位 $h\nu$（h はプランク定数）を「共鳴子」に配分する状態数からエントロピーを計算し，それによって黒体輻射のエネルギースペクトルの説明に成功する（本書，6-1-1）．この離散的なエネルギーの単位である「エネルギー量子」という考え方が，量子物理学の出発点となる．1905年にアインシュタインが，光電効果の現象により，電磁波が光子というエネルギー単位からなっているということを示し，プランクの提出した電磁波の離散的なエネルギー単位「エネルギー量子」という仮説が現実的なものとなった．そして，「共鳴子」という調和振動子の固有状態が光子の個数に対応することが量子力学の観点から明らかになっていくのである．すなわち，この調和振動子のように振る舞う「共鳴子」は，光の量子場として理解されていく．そこでは，量子場の基底状態は真空であり，n 番目の励起状態は n 個の光子に対応することが明らかになっていく．これは，光が波動性と粒子性の二重性をもつという性格にも連なるものである．

アインシュタインが後に導入した光子である「エネルギー量子」という概念を用いて，プランクがどのように黒体輻射のスペクトル分布について考えたかを述べよう．「共鳴子」の数を M，「エネルギー量子（光子）」の数を N とし，どちらも大きな整数とする．エネルギー量子を共鳴子に振り分ける場合の数が状態数 W であるが，それは，

$$W = \frac{(M+N)!}{M!\,N!} \tag{2.2}$$

と求められる[8]．また，共鳴子一つ当たりの平均エネルギーを$\langle H \rangle$，光の振動数をνとすると，エネルギーの総和は$M\langle H \rangle = Nh\nu$となる．また，共鳴子一つ当たりのエントロピーをSとすれば，ボルツマンが主張したように，$MS = k_B \log W$となる．Nが大きい時のスターリングの公式$N! \cong N^N e^{-N}$を考慮すれば，

$$S = k_B \left\{ \left(1 + \frac{\langle H \rangle}{h\nu}\right) \log \left(1 + \frac{\langle H \rangle}{h\nu}\right) - \frac{\langle H \rangle}{h\nu} \log \frac{\langle H \rangle}{h\nu} \right\} \tag{2.3}$$

となる．ここで，$\frac{dS}{d\langle H \rangle} = \frac{1}{T}$という熱力学的な関係を用いれば，温度$T$で，振動数$\nu$の電磁波が放射されている際の共鳴子一つの平均エネルギーは

$$\langle H \rangle = \frac{h\nu}{\exp\left(\frac{h\nu}{k_B T}\right) - 1} \tag{2.4}$$

と求まる．そして，上の黒体輻射のスペクトル密度と共鳴子の平均エネルギーを用いて，

$$\rho(\nu, T) = \frac{8\pi h \nu^3}{c^3} \frac{1}{\exp\left(\frac{h\nu}{k_B T}\right) - 1} \tag{2.5}$$

と黒体輻射のスペクトル密度$\rho(\nu,T)$が求まる．光は二つの方向の偏光を持つことができるが，このスペクトル密度は非偏光すなわち二つの偏光を持ち，また全方向の波数ベクトルを持つ黒体輻射のスペクトル密度である[9]．

　プランクは，光の「量子化」以前に見出された黒体輻射のスペクトル密度と共鳴子の平均エネルギーの関係を用いてスペクトル密度を求めている．量子論の立場からすると，輻射の波数ベクトルを$\mathbf{k}$として，単位体積の中で$d^3\mathbf{k}$において見いだされる波数の状態密度（波数のモードの密度，プランクの言う「共鳴子」の密度）を$d^3\mathbf{k}/(2\pi)^3$と考えることができる[10]．$k = |\mathbf{k}|$として，球座標で考え，原点からの距離が波数kと$k + dk$の間の球面上の殻の中にある球対称な状態密度は$4\pi k^2 dk/(2\pi)^3$となる．この波数kが振動数νと$2\pi\nu = ck$で関係づけられること，また二つの偏光を考えなければならないことなどを考慮すれば，黒体輻射のスペクトル密度$\rho(\nu,T)$やプランクの分布則が，波数kで定まるある一つの状態（振動モード）に入っている光子の平均の数（「共鳴子」一つに入っている「エネルギー量子」の平均の数）$\langle n \rangle$，あるいは平均エネルギー$\langle H \rangle$から導出される．そして，ランダウ＝リフシッツの教科書の黒体輻射を扱う節でも，プランクにおける共鳴子の平均エネルギー$\langle H \rangle$と同様に，$\langle n \rangle$は熱力学的なエントロピーや温度といった概念を用いた思考に

よって導出されている（ランダウ＝リフシッツ『統計物理学』，63節，pp. 230-232）.

　1915年頃から，プランクは理想気体についてもその量子化を考える（本書，6-2-2, 6-2-3）．それはボルツマンの提出したコンプレクシオンという考え方を，連続の極限を取ることなく，離散的なまま考えるものであった．外界から孤立した系のエネルギーの値をすべて列挙し，N個の粒子をエネルギーE_i（$i = 1, 2, ...$）の状態に振り分ける総数を状態数ないし状態分布（コンプレクシオン）Wとする．縮退のないエネルギー状態がE_iにある粒子数をN_i（$\sum_i N_i = N$）とすると，状態数は

$$W(N_1, N_2, ..., N_i, ...) = \frac{N!}{\prod_i N_i!} \tag{2.6}$$

となるが，Nが大きい時に，スターリングの公式を使って対数をとると，

$$\log W(N_1, N_2, ..., N_i, ...) \cong -\sum_i N_i \log\left(\frac{N_i}{N}\right) \tag{2.7}$$

となる．また，エントロピーSは，

$$S(N_1, N_2, ..., N_i, ...) = k_B \log W(N_1, N_2, ..., N_i, ...) \tag{2.8}$$

と状態数と結びつけられる．

　カノニカル分布，ミクロカノニカル分布，グランドカノニカル分布も，エントロピーが最大になるような分配を考えることで，状態数の概念から導出することができる．そして，カノニカル分布$p_i^{(\mathrm{can}, \beta)}$にある1粒子当たりのエントロピーの

$$s(\beta) = -k_B \sum_i p_i^{(\mathrm{can}, \beta)} \log p_i^{(\mathrm{can}, \beta)} \tag{2.9}$$

という定義も，状態数の概念が明確にされることで，明らかにされる．このように，プランクは，このエントロピーの概念を統計力学において原理的なものとして捉え，非常に重要視しながら，量子統計力学を生み出していく．このように，量子物理学の誕生において，熱力学的な思考が重要な役割を負っていたことを銘記しておこう．

(b) 現代の熱力学と統計力学における内部エネルギー，自由エネルギー，エントロピー

　このように，プランクは，熱力学と整合するように，エネルギーの量子性を取り入れた統計力学を構築していくわけだが，現代において，熱力学と統計力学とがどのような関係になっているかを，田崎氏の教科書に沿いながら，簡単に述べたい．まず，現代的な熱力学におけるヘルムホルツの自由エ

ネルギーとは，次のようなものである．系全体の大きさをλ倍したとき，同じようにλ倍される量は示量的であるという．このように示量的な変数としては，体積Vや粒子数Nなどがあり，示量変数の組$X = (V, N)$などと表す．示量変数の時間変化があまり速くなければ，流体中に大きな流れは生じない．そのとき，操作の途中での系の状態は，何らかの平衡状態にかなり近いのではないかと期待される．この考えをおし進めると，示量変数の時間変化が非常にゆっくりしているために，操作の途中でも系はいつでも平衡状態にあるとみなせるような極限的な操作を想定することができる．このようなゆっくりした操作を，一般に準静的 (quasistatic) であるという．そして，準静的な等温操作を，等温準静操作 (isothermal quasistatic operation) と呼ぶ．Tを温度として，平衡状態$(T; X_1)$から$(T; X_2)$への等温準静操作を

$$(T; X_1) \overset{iq}{\to} (T; X_2)$$

のように表す（田崎『熱力学』，p.36）．

示量変数の組Xで記述される系において，平衡状態$(T; X_1)$から$(T; X_2)$への等温操作を考える．様々な等温操作によって系が外界に行う仕事を求め，それらの中の最大値を

$$W_{max}(T; X_1 \to X_2)$$

と書き，最大仕事 (maximum work) と呼ぶ．そして，最大仕事$W_{max}(T; X_1 \to X_2)$は，任意の等温準静操作$(T; X_1) \overset{iq}{\to} (T; X_2)$が外界に行う仕事に等しい（田崎『熱力学』，pp.44-45）．任意の温度Tと，各々のTに対して固定された示量変数の組の適当な値$X_0(T)$からの操作で到達できる任意のXについて，ヘルムホルツの自由エネルギーを

$$F[T; X_1] = W_{max}(T; X_1 \to X_0(T))$$

と定義する．任意のX_1とX_2について

$$W_{max}(T; X_1 \to X_2) = F[T; X_1] - F[T; X_2]$$

となる．「すなわち，熱力学的な系がある状態から別の状態へ等温操作で移る際に系が外界に行う仕事の最大値は，二つの状態のヘルムホルツの自由エネルギーに等しい．ヘルムホルツの自由エネルギーは，等温操作において，力学におけるポテンシャルエネルギーに相当する役割を果たすといえる」（田崎『熱力学』，pp.49）．

次に，エントロピーについて説明しておく．等温準静操作と同様にして，断熱準静操作 (adiabatic quasistatic operation) を定義することができる．何らかの断熱準静操作によって，平衡状態$(T; X)$から平衡状態$(T'; X')$が得られることを

$$(T; X) \overset{aq}{\to} (T'; X')$$

と表現する. $U(T; X)$ を内部エネルギーとして, エントロピーを

$$S(T; X) = \frac{U(T; X) - F(T; X)}{T} \tag{2.10}$$

と定義する. また, この定義であると, エントロピーに不定性が残るが, 断熱準静操作で不変にするように定めることができる（田崎『熱力学』, pp.93）. この式は示唆に富んでいる.「ヘルムホルツの自由エネルギー$F(T; X)$と内部エネルギー$U(T; X)$という二種類のエネルギーが一致しないこと, つまり, 温度一定の環境での仕事と断熱壁に囲まれた場合の仕事が一致しないことが, 熱力学的な系の一つの本質的な側面である. これら二種類のエネルギーの差を, 絶対温度で割ったものこそが, ……エントロピーなのだ」（田崎『熱力学』, pp.94）.

カノニカル分布 (1.15) における温度, 体積, 粒子数の関数としてのエントロピーは,

$$S(T; V, N) = \frac{\langle H(T; V, N) \rangle - F(T; V, N)}{T} \tag{2.11}$$

を考慮して,

$$S(\beta; V, N) = -k_B \sum_i p_i^{(\mathrm{can}, \beta)} \log p_i^{(\mathrm{can}, \beta)} - k_B \log N! \tag{2.12}$$

と導出される. ただし, 右辺第二項の $-k_B \log N!$ の項は, 同一粒子が区別されるとして出てくる項であり, 同一粒子が区別されない量子論的には不要になる項である（田崎『統計力学』Ⅰ, p. 127）.

以上のような経験的な熱力学における内部エネルギーやヘルムホルツの自由エネルギー, エントロピーと言った概念を, 状態数を出発点とした分配関数から導出するのが統計力学であり, これがギブスの言う「熱力学的アナロジー」であろう. ここでの内部エネルギー$U(T; X)$は, 統計力学的なエネルギーの平均値 $\langle H \rangle$ と等しくなっている.

量子統計力学におけるエントロピーの導出を簡単にみておく. 内部エネルギーをUとし, 一辺の長さがLの体積$V = L^3$の立方体の容器にN個の粒子が閉じ込められている相互作用のある状態数$\Omega_{V,N}(U)$について, 式 (1.16) のようなミクロカノニカル分布で考えてみる. そこでは, $W_{V,N}(U, \delta)$を, $U - V\delta < E_i \leq U$を満たすiの総数とし, そこで, 体積Vを大きくすると,

$$W_{V,N}(U, \delta) := \Omega_{V,N}(U) - \Omega_{V,N}(U - V\delta) \cong \Omega_{V,N}(U) \tag{2.13}$$

となる. すなわち$E_i < U - V\delta$の状態はU付近の状態数に比して非常に小さいと考えられる. そして, $E_i^{(N)} \leq U$を満たすiについて,

$$\Omega_{V,N}(U) := \frac{1}{N!}\sum_i 1 \tag{2.14}$$

と定義できる．さて，体積Vの容器にN個の粒子が入っている系があり，粒子の密度ρにおける基底エネルギーを$\epsilon_0(\rho)$とする．任意の$\rho>0$と$u>\epsilon_0(\rho)$について，エネルギー密度$u := U/V$，密度$\rho = N/V$を一定に保った極限

$$s(u,\rho) := \lim_{V \nearrow \infty} \frac{k_B}{V} \log \Omega_{V,N}(U) \tag{2.15}$$

が存在し，この$s(u,\rho)$はエントロピー密度となる．このようにして，ボルツマンが主張したようなエントロピーの定式

$$S[U,N,V] = k_B \log W_{V,N}(U,\delta) = k_B \log \Omega_{V,N}(U) \tag{2.16}$$

を与える状態数が得られるとき，その統計力学は熱力学と整合的になっているのであり，上述した例においても簡単にそれが確かめられる（田崎『統計力学』II，pp. 321-326）．

3. フォン・ノイマン

（a）量子統計力学と観測問題

1926年以降，ハイゼンベルクは行列力学により，次いでシュレーディンガーは波動力学により，さらにディラックは，その二つは座標変換の違いでしかないことを示した変換理論により，量子力学を完成させた．しかし，そこではディラックのデルタ関数が用いられるなど量子力学は数学的に厳密に基礎づけられた理論とはなっていなかった．フォン・ノイマンは，1932年に出版した記念碑的な著作『量子力学の数学的基礎』の中で，関数解析を駆使しながらヒルベルト空間論を用いて量子力学を基礎づけるが，その中で，量子統計力学についても扱う（本書，第7章）．

本書（7-1-2）では，ミクロな統計力学的世界とマクロな熱力学的物理世界の関係を明らかにするという文脈の中で扱われるフォン・ノイマンによる観測問題についても言及されている．ただし，本書の記号や用語がフォン・ノイマンのドイツ語圏での数学（関数解析）的な文脈に沿ったものになっている上，記述が簡潔過ぎて理解しづらいと思われるので（特に本書p.297），本書評ではディラック以後の現代物理学の記号法に従って，丁寧に書き下すことにする[11]．

物理量はヒルベルト空間上のエルミート（自己共役）演算子として表される．系の状態は，状態の個数（状態ベクトルの次元）がnならば$n \times n$の密度行列$\hat{\rho}$（フォン・ノイマンは統計作用素Uとする）で表される[12]．状態の個

数が無限ならば，それは無限次元の密度行列となる．ここで，trace $\hat{\rho} = 1$ と
なっていることに注意しておく．物理量（オブザーバブル）O を測定すると
きの期待値は

$$\langle O \rangle = \text{trace } \hat{\rho}O \tag{3.1}$$

となる．この密度行列 $\hat{\rho}$ による状態の表現は，波動関数ないし状態ベクトル
$|\varphi\rangle$ よりも豊富なものを含んでいる．すなわち，$\hat{\rho}$ は，ノルムが 1，すなわち
$\langle \varphi_i | \varphi_i \rangle = 1$ で，それぞれが独立した状態ベクトル（ディラックのケット・ベ
クトル－縦ベクトル）$|\varphi_i\rangle$ とその双対ベクトル（ブラ・ベクトル－横ベクト
ル）$\langle \varphi_i|$ によって生成される行列 $|\varphi_i\rangle\langle\varphi_i|$ の和，すなわち射影演算子の和に
重みづけ w_i で分解される．すなわち，$\hat{\rho}$ は，統計的な混合

$$\hat{\rho} = \sum_i w_i \hat{\rho}_i = \sum_i w_i |\varphi_i\rangle\langle\varphi_i|$$

$$\sum_i w_i = 1, \, w_i \geq 0 \tag{3.2}$$

となる．ただし，この $\hat{\rho}_i = |\varphi_i\rangle\langle\varphi_i|$ という射影演算子の選び方は一意ではな
い．また，$|\varphi_i\rangle$ も一般には互いに直交していない．

さらに，それぞれの状態ベクトルは，測定する物理量 O の固有値 a_j の固有
ベクトルを $|a_j\rangle$ として，その量子的重ね合わせ

$$|\varphi_i\rangle = \sum_j \alpha_{ij} |a_j\rangle$$

$$\sum_j |\alpha_{ij}|^2 = 1 \tag{3.3}$$

として一意に分解される．ここで，$|a_j\rangle$ は完全正規直交基底となっている．
すなわち，

$$\langle a_i | a_j \rangle = \delta_{ij}, \qquad \sum_i |a_i\rangle\langle a_i| = \hat{1} \tag{3.4}$$

が満たされている．$|\varphi_i\rangle$ の状態ベクトルにある系において物理量 O を測定し
て，a_j が得られる確率は $|\alpha_{ij}|^2$ である．この時，O の期待値は，

$$\langle O \rangle = \text{trace } \hat{\rho}O = \sum_i w_i \langle \varphi_i | O | \varphi_i \rangle \tag{3.5}$$

とも書ける[13].

式 (3.2) のような密度行列による量子系の表現は，統計的な混合への分解

と量子的重ね合わせの双方を表すことができる. なお

$$\hat{\rho}_i = |\varphi_i\rangle\langle\varphi_i| \tag{3.6}$$

のように, 一つの状態ベクトルとその双対ベクトルで生成される密度行列は
射影演算子となるが, それで表される系は, 純粋状態と言われる. それに対
し, 密度行列が

$$\hat{\rho} = \sum_i w_i |\varphi_i\rangle\langle\varphi_i| \tag{3.7}$$

のように, 複数の統計的和に分解される場合にその系は混合状態と言われ
る[14].

さて, 平衡状態の量子統計力学を考えると, カノニカル分布は, ハミルト
ニアン $\hat{H}$ を $n \times n$ ないし $n \to \infty$ の無限次元のエルミート行列 (作用素・演算
子) として,

$$\hat{\rho}^{(can,\beta)} = \frac{\exp(-\beta\hat{H})}{Z(\beta)}$$

$$Z(\beta) = \text{trace} \exp(-\beta\hat{H}) \tag{3.8}$$

となる. 量子系において, 時刻 $t = 0$ における物理量を $O(0)$ として, ハイゼ
ンベルク描像において物理量は,

$$O(t) = \exp\left(\frac{it\hat{H}}{\hbar}\right)O(0)\exp\left(-\frac{it\hat{H}}{\hbar}\right) \tag{3.9}$$

と時刻 t においてユニタリー変換で時間発展する. ここで $\hbar = h/2\pi$ である.
カノニカル分布では, O の観測値の期待値はユニタリー的な時間発展によっ
ては変化せず,

$$\langle O(t)\rangle = \text{trace}\left(\hat{\rho}^{(can,\beta)}O(t)\right) = \text{trace}\left(\hat{\rho}^{(can,\beta)}O(0)\right) \tag{3.10}$$

となる.

一方, シュレーディンガー描像では, 状態ベクトルが,

$$|\varphi_i(t)\rangle = \exp\left(-\frac{it\hat{H}}{\hbar}\right)|\varphi_i\rangle \tag{3.11}$$

と時間発展するので, 行列密度で表される状態

$$\hat{\rho}(t) = \exp\left(-\frac{it\hat{H}}{\hbar}\right)\hat{\rho}(0)\exp\left(\frac{it\hat{H}}{\hbar}\right) = \sum_i w_i \exp\left(-\frac{it\hat{H}}{\hbar}\right)|\varphi_i\rangle\langle\varphi_i|\exp\left(\frac{it\hat{H}}{\hbar}\right) \tag{3.12}$$

が時間発展し，物理量は変わらないと理解してもよい．これを見ればわかるが，純粋状態は純粋状態のままである．

　量子系を観測する時，何が起こるのだろうか．それは，$|\varphi_i\rangle$ の系において O を観測すると，$|\varphi_i\rangle = \sum_j \alpha_{ij} |a_j\rangle$ という重ね合わせの状態が消えて，ある一つの状態ベクトル $|a_j\rangle$ に変化するということであると考えられる．これは，「波束の収縮ないし崩壊」と言われる．フォン・ノイマンによれば，測定することで，射影演算子が作用し，

$$\hat{\rho} = \sum_i w_i \left(\sum_j \alpha_{ij} |a_j\rangle\right)\left(\sum_k \alpha_{ik}^* \langle a_k|\right) \tag{3.13}$$

の各々の純粋状態の密度行列

$$\hat{\rho}_i = |\varphi_i\rangle\langle\varphi_i| = \left(\sum_j \alpha_{ij} |a_j\rangle\right)\left(\sum_k \alpha_{ik}^* \langle a_k|\right) \tag{3.14}$$

の非対角項が消えて，すなわち量子的な重ね合わせが消えて，

$$\hat{\rho}' = \sum_i \sum_j w_i |\alpha_{ij}|^2 |a_j\rangle\langle a_j| \tag{3.15}$$

となる．すなわち O の固有状態ベクトル $|a_j\rangle$ とその双対ベクトルから生成される $|a_j\rangle\langle a_j|$ 全ての集合の統計的混合である密度行列の表す状態になる．このように，量子的な重ね合わせが消えて，すなわち密度行列の対角項が消えて（古典）統計的な混合状態になることが，量子的なミクロな世界が古典的なマクロな世界になることであると言ってもよい．その上で，$\sum_i w_i |\alpha_{ij}|^2$ の確率で，一つの固有値 a_j の $|a_j\rangle\langle a_j|$ という射影演算子で表現される状態が観測されるのである．

　ここで，測定によっては，ユニタリー演算子による時間発展によって，純粋状態の非対角項が消えて，量子的重ね合わせのない統計的な混合状態になるようなことはないというのが，フォン・ノイマンの主張である．フォン・ノイマン自身の言葉を用いれば，そこには「因果的な」時間発展はなく，「統計的」な不可逆な変化があるのみである．それゆえ，この過程は，ユニタリー演算子による時間発展とは区別された熱力学におけるエントロピーを考えなければならないとフォン・ノイマンは主張する（本書，7-1-2）．そして，観測問題を通常のエントロピーとは異なる「マクロなエントロピー」という概念を使って解決しようと試みる（7-2）．

(b) デコヒーレンス

　今日，観測される量子系と観測装置，そして膨大な粒子からなる周囲の環境との干渉により，ユニタリー的な時間発展によって，密度行列の非対角項が急速に非常に小さくなる，すなわち量子状態の重ね合わせ，干渉項が消えることが理論的にも実験的にも明らかになってきた．これをデコヒーレンスと呼び，このデコヒーレンスをいかに制御するかが，量子コンピューターなどの量子技術にとって，欠かせない問題となっている．このデコヒーレンスは，ユニタリー演算子による変換（フォン・ノイマンの言う因果的な時間発展）に従っている．ただし，密度行列の非対角項が完全にゼロになるわけではない．その意味で，デコヒーレンスは，射影演算子を作用させることによる「波束の収縮」を量子力学の測定過程として導入するフォン・ノイマンの考えとは異なるものである．

　量子測定のプロセスを考えることは，ミクロな系とマクロな系の量子もつれ（quantum entanglement）の問題を考えることである．思考実験を用いて定性的にこのことを見てみよう．たとえば，原子1個の系Aを，測定結果を針の位置で示す観測装置Mで測定することを考える．これはミクロな量子系Aが，観測装置Mというマクロな対象，さらには周囲の環境Eにカップリングしている状態を考えることである．針の位置がξ_iをとるMの状態を正規直交系$|\xi_i\rangle$とする．Aとカップリングしていない測定開始前のMの状態を$|\xi_0\rangle$とする．また，系Aについて測定する物理量（オブザーバブル）O_Aについて固有値ε_iをとる（縮退していない）固有状態を$|a_i\rangle$とし，a_i確率振幅として，測定開始前のAの状態を$|\psi\rangle = \sum_i \alpha_i |a_i\rangle$とする．よい測定器は，カップリングにより，$A$の固有状態$|a_i\rangle$に観測装置の状態$|\xi_i\rangle$が対応するようになっている．したがって，$A$と$M$がカップリングした系$A + M$は，測定を開始することで量子もつれを形成し，状態は

$$|\psi\rangle|\xi_0\rangle \rightarrow \sum_i \alpha_i |a_i\rangle |\xi_i\rangle = \sum_i \alpha_i |a_i, \xi_i\rangle \tag{3.16}$$

と変化する．そして，gをカップリング定数，Pを測定器の針の運動量とし，AとMの相互作用のハミルトニアンを

$$H_{\text{int}} = g O_A P \tag{3.17}$$

とすると，時間発展のユニタリー演算子は$U(t) = \exp(-iH_{\text{int}}t/\hbar)$となる．これは，測定前の状態$|\psi\rangle|\xi_0\rangle$が，測定時間$t$の間に

$$U(t)|\psi\rangle|\xi_0\rangle = \sum_i \alpha_i |a_i\rangle |\xi_0 + gt\varepsilon_i\rangle = \sum_i \alpha_i |a_i, \xi_i\rangle \tag{3.18}$$

と時間発展することを意味する．ここで，gが十分に大きく，測定している時間において，相互作用のハミルトニアン以外のハミルトニアンは無視できるとしている．この状態の密度行列$\hat{\rho}_{A+M}(t)$は測定によるユニタリー的な時間発展の中でデコヒーレンスを起こし，密度行列の対角項が非常に小さくなって，ほぼ消え，

$$|\psi\rangle|\xi_0\rangle \to \sum_i \alpha_i|a_i\rangle|\xi_i\rangle = \sum_i \alpha_i|a_i, \xi_i\rangle \tag{3.19}$$

となる（Haroche and Raimond, 2.5.1; 2.5.2）．

このデコヒーレンスの様子は，一つの原子の電子の状態と複数の光子とのカップリングを実現させる共振器量子電磁力学（cavity quantum electrodynamics, CQED）において，定量的に観測されている．温度を絶対ゼロ度と措定できる共振器内では，光子の消滅演算子aと生成演算子$a^\dagger$の積で書ける個数演算子$N = a^\dagger a$の固有状態$|n\rangle$（$N|n\rangle = n|n\rangle$）が，コヒーレント状態

$$|\alpha\rangle = e^{-\frac{|\alpha|^2}{2}} \sum_{n=0}^{\infty} \frac{\alpha^n}{\sqrt{n!}} |n\rangle \tag{3.20}$$

として重なり合っている．ただし，ここでnは光子の個数，実数xとpをそれぞれ$X_0 = \frac{a+a^\dagger}{2}$と$P_0 = i\frac{a+a^\dagger}{2}$の固有値として，$\alpha = x + ip$である．なお，$a|\alpha\rangle = \alpha|\alpha\rangle$というように，$\alpha$は$a$の固有値になっている．そして，この状態は観測される光子の個数の平均値

$$\langle n \rangle = \langle \alpha|N|\alpha\rangle = |\alpha|^2 \tag{3.21}$$

を与える（Haroche and Raimond, 3.1.3）．ここで，注意すべきことは，$\langle n \rangle$は統計力学が扱うような大きな数ではなく，十分に小さい数の光子数でもよく，それを共振器がコントロール可能にしたということである．そして，aの虚の固有値$\pm i\alpha$に対応するコヒーレント状態$|-i\alpha\rangle$と$|i\alpha\rangle$（観測装置Mのとる二値に対応する）と，1個の原子からなる系Aの電子の基底状態$|g\rangle$と励起状態$|e\rangle$とを量子的にもつれさせ，

$$|\Psi_1\rangle = \frac{-i}{\sqrt{2}}|e\rangle|-i\alpha\rangle + \frac{1}{\sqrt{2}}|g\rangle|i\alpha\rangle \tag{3.22}$$

を得ることができる．原子の状態に

$$|e\rangle \to (|e\rangle + i|g\rangle)/\sqrt{2}; \quad |g\rangle \to (|g\rangle - i|e\rangle)/\sqrt{2} \tag{3.23}$$

という変化を与えることで，光子のコヒーレント状態の重ね合わせ状態の2つのモード

$$|\Psi^\pm\rangle = \frac{1}{\sqrt{2}}(|-i\alpha\rangle \pm |i\alpha\rangle) \qquad (3.24)$$

を得ることができる (Haroche and Raimond, 7.3.3). このような共振器の中で作り出された干渉項を持つ重なり合った状態 $|\Psi^\pm\rangle$ は, 周囲のマクロな環境 E と干渉しながら, 測定可能な時間の中で, すなわち通常のデコヒーレンスが生じる時間スケールよりもずっと遅く統計的な $|-i\alpha\rangle$ と $|i\alpha\rangle$ の混合状態になる. いわば, メソの世界で, シュレーディンガーの「生きた猫と死んだ猫の重ね合わせの状態」が生きた猫と死んだ猫へと別れていくことが時間発展として観測できる. そして, コヒーレント状態の光子の平均個数 $\langle n \rangle$ が多いほどデコヒーレンスによって混合状態になるスピードが速くなることが明らかになった (Haroche and Raimond, 7.5.1).

デコヒーレンスが観測系 A と環境 E の相互作用によって生じるということを理解するためには, プランクやアインシュタインによって見いだされた熱統計力学的を用いた散逸系の物理学が必要となる. そして, 散逸系における密度行列の時間発展を記述するマスター方程式を導出するために, フォン・ノイマンの考えた「波束の収縮」を引き起こす射影演算子とのアナロジーが用いられる.

測定値 m_i をとるヒルベルト空間 H_A 上の必ずしもエルミートでない演算子 M_i の集合によって一般化された観測というものを考えてみよう. そして, 混合状態 $\hat{\rho}_A$ に準備された系 A は, 測定値 m_i を $\pi_i = \mathrm{trace}\ M_i \hat{\rho}_A M_i{}^\dagger$ という確率で取る. この時,

$$\sum_i M_i{}^\dagger M_i = \hat{1} \qquad (3.25)$$

を満たすことが要請される. フォン・ノイマンが考えたように, 観測の際に「波束の収縮」が生じているならば, 射影演算子を状態ベクトルに作用することが要請される. それは, M_i が射影演算子であることを要請する (Haroche and Raimond, 4.1.4).

この M_i を一般化した $\sum_\mu M_\mu{}^\dagger M_\mu = \hat{1}$ を満たすクラウス (Kraus) 演算子 M_μ という, 射影演算子ともエルミートとも限らない, しかも時間に依存する演算子を考えることにする. 時間 τ についての 0 次近似を M_0 のみが持つとして, K を時間 τ によらない非エルミートの演算子とすると, τ の 1 次までの近似をとって

$$M_0 = \hat{1} - iK\tau + O(\tau^2) \qquad (3.26)$$

と書くことができる[15]. これを形式的に用いる考察によって, 散逸系を扱うリンドブラッド (Lindblad) 型のマスター方程式が導かれる (Haroche and Raimond,

4.3.2).

　リンドブラッド型のマスター方程式を共振器内の光子の環境への散逸に適用するには，フォン・ノイマンが考えたような測定の射影演算子を非エルミートに拡張したクラウス演算子を考えるとともに，熱統計力学的な考察を要する．共振器内の系Aにおける光子の生成と消滅は熱的な環境Eにおける光子の消滅と生成に対応している．すなわち，環境Eで一つの光子を失うと共振器内の系Aにおいて一つの光子が得られ，系Aで一つの光子を失うと環境Eにおいて一つの光子が得られる．そして，この誘導遷移が起こる確率は，環境Eにおける遷移の初期状態にある光子数に比例する．これらのことを勘案するならば，系A内で光子が得られる，または失われる単位時間当たりの遷移確率をそれぞれκ_+とκ_-として，系Aの光子の生成に対応する遷移演算子として$\sqrt{\kappa_+}a^\dagger$を，その消滅に対応する遷移演算子として$\sqrt{\kappa_-}a$を考えるのが妥当である．また，$A+E$のエネルギー保存則からその初期状態の終状態とのエネルギー差は$\hbar\omega_c$であるため，温度Tの熱平衡状態にある環境においては，κ_+とκ_-の関係は

$$\kappa_+ = \kappa_- e^{-\hbar\omega_c/k_B T} \tag{3.27}$$

となっている．

　また，プランクの法則から環境の温度Tの熱浴中に存在する光子の振動数$\omega_c = 2\pi\nu$の振動子の一つのモードに存在する平均個数n_{th}は

$$n_{\mathrm{th}} = \frac{1}{e^{\hbar\omega_c/k_B T} - 1} \tag{3.28}$$

であり，式 (3.27) を考慮すれば

$$\frac{\kappa_-}{\kappa_+} = \frac{1 + n_{\mathrm{th}}}{n_{\mathrm{th}}} \tag{3.29}$$

となる．$\kappa = \kappa_- - \kappa_+$とすると，共振器内の光子の系$A$の環境への散逸を考えるためのリンドブラッド型のマスター方程式は，系Aの密度行列を$\hat{\rho}_A$として，

$$\begin{aligned}
\frac{d\hat{\rho}_A}{dt} = &-i\omega_c[a^\dagger a, \hat{\rho}_A] - \frac{\kappa(1+n_{\mathrm{th}})}{2}\left(a^\dagger a\hat{\rho}_A + \hat{\rho}_A a^\dagger a - 2a^\dagger\hat{\rho}_A a\right) \\
&- \frac{\kappa n_{\mathrm{th}}}{2}\left(aa^\dagger\hat{\rho}_A + \hat{\rho}_A aa^\dagger - 2a\hat{\rho}_A a^\dagger\right)
\end{aligned} \tag{3.30}$$

として求まる．この方程式からκは共振器内の状態の減衰時間の逆数となることが分かる (Haroche and Raimond, 4.3.4)．この右辺の第一項は，共振器の量子系におけるハイゼンベルクの運動方程式に由来するものであり，環境への散逸に関するものではなく，第2項と第3項が環境への散逸に関するも

のである．このようなマスター方程式で温度 $T = 0$ すなわち $n_{th} = 0$ として，式 (3.24) の $|\Psi^{\pm}\rangle = \frac{1}{\overline{n}}(|-i\alpha\rangle \pm |i\alpha\rangle)$ の密度行列を初期値とするような時間発展の解を求めると，その非対角項が近似的に $\exp(-2\langle n\rangle \kappa t)$ に従って減衰することが分かる．このようにして量子統計力学と散逸系の統計力学を併せ考えることによって，フォン・ノイマンの提示した観測問題の一部に答えを与えるデコヒーレンスが理解されつつあるのである[16]．

4. 結語

この書評論文は，統計力学の形成史がどのようなものであったかを理解するための現代の標準的な統計力学の視点からの注釈と言えるが，物理学史の著作の書評としては，現代的な視点を入れるあまり，いささか歴史的な視点から遠ざかったものになってしまったことを否めない．しかし，それは哲学的考察を促すものでもある．本書並びに田崎氏の教科書を読んで，科学哲学的な視点から考えさせられることは，熱力学と統計力学の関係，ないしはマクロの世界とミクロの世界の関係である．ギブスも田崎氏も，「熱力学的アナロジー」という表現に象徴されるように，熱力学を統計力学に，あるいはマクロの世界をミクロの世界に還元することを狙ってはいない．大切なことは，それらふたつの関係はアナロジーであり，整合的なものであるということである．ギブスと田崎氏は「大自由度系におけるゆらぎの小ささ」と「アプリオリ等確率の原理」とを統計力学の基礎と考えることを共有しつつ，熱力学と統計力学の間の関係を考えている．

他方，マクスウェル，ヘルムホルツ，ボルツマンらによって，「力学的アナロジー」にたよりながら誕生していった統計力学が，ギブスによって，このアナロジーを次第に放棄しつつ「熱力学的アナロジー」に依拠していくようになることを見てきた．それは，量子力学誕生10年後に出版されたランダウ＝リフシッツの統計力学の教科書の考え方から，その後60年以上を経た21世紀になって出版された田崎氏の教科書の背景にある考え方への移行とも並行していることも観察できた．

また，観測される量子系の環境への散逸を記述するマスター方程式を導くために，フォン・ノイマンの観測問題における射影演算子を非エルミート演算子へと拡張するというアナロジーが用いられ得ることも見た．熱力学と統計力学の間にあるアナロジー，量子系と観測の相互作用と量子系と環境の相互作用に間に見出されるアナロジーについて考えることは，科学におけるアナロジーとは何かという科学哲学的な問いにもつながっていく．

さらに，フォン・ノイマンは，量子統計力学を構築していく中で，観測問

題を顕在化し，それを熱統計力学的に捉えようとしたが，これは現代の共振器量子電磁力学によって実験的に定量的な観測が可能になったデコヒーレンスという現象に連なるものと言ってよい．そして，デコヒーレンスは量子的なミクロの世界が古典的なマクロの世界に移行していく過程に深くかかわるものである．共振器量子電磁力学は，ミクロの世界とマクロの世界の関係を，その中間のメソの世界の現象も調べながら，明らかにしていく重要な物理学の一分野と言える．量子力学誕生以来，今日に至るまで，量子力学の解釈や観測問題について哲学的議論がなされることが続いているが，現代における実験的に検証可能な物理理論に根付いた哲学的議論が求められる．

注

1. ここで，位置座標や運動量の上の記号 $\langle \cdot \rangle$ はそれぞれの時間微分を意味する．
2. 本書第3章では，ギブスの記号法に従い，偏微分 ∂ が通常と異なり，d と表記されている．
3. 現代の通常の記号法では，位置座標は q，運動量は p であるが，本書 pp.84-86 では，それが逆になっている．
4. ヘルムホルツの自由エネルギー F は，本書では ψ となっている．
5. 本書第3章で，規格化因子のパラメータについて $\theta = 1/\beta$ であり，温度に比例する．
6. 本書 pp.8-9 に，田崎『統計力学』の見解が簡単に言及されている．
7. 本書 p.142 では，この $\langle \frac{\partial}{\partial a} E(p,q) \rangle dq_i$ を $\bar{A}_i da_i$ と表現している．本書では，ギブスの思考過程が明瞭でないため，ここではそれを再構成した．
8. 本書 6-1-1 では，この状態数 Komplexion W を「確率」ともしているが，ここではあくまでも場合の数である．
9. 本書では，プランクによる「量子化」以前に見出された黒体輻射のスペクトル密度と「共鳴子」の平均エネルギーの関係が明記されていないため，共鳴子の平均エネルギーからスペクトル密度 (6.8) がいかに導出されたのかが分かりにくくなっている (p. 254)．また，プランクの分布則 (6.9) がスペクトル則 (6.8) から「振動数を波長に変数変換することで得られる」とあるが，このスペクトル密度は，偏光されていない（二方向の偏光を持つ），全方向の波数ベクトルを持つ輻射に関するものであるのに対し，(6.9) でプランクの分布則と言われているものは一方向に偏光（直線偏光）され，かつ一定方向だけの波数ベクトルを持つ輻射の固有振動に関するものである．本書では，どのような輻射に関するものであるかが明記されていないために，(6-1-1) が分かりにくくなっている．
10. 波数ベクトル **k** とは波の波長の逆数に 2π をかけた大きさを持つ波の進行方向のベクトルのこと．

11. 本書ではErw(A)となっている物理量Aの平均値を本書評では〈A〉とする．また，本書では行列のトレースを「跡」と訳し，ドイツ語のSpurとしているが，本書評では現代の通常の記法に従い，traceとする．

12. 本書評のこの節の密度行列$\hat{\rho}$は，本書ではフォン・ノイマンに従いつつ統計作用素Uとなっている．なお，ここでの量子統計力学における密度行列$\hat{\rho}$は，前出の古典的な意味での0と1の間の実数値をとる確率分布の密度ρを量子化したものである．

13. 物理学では，ヒルベルト空間内のベクトルをケット（縦）・ベクトル$|\varphi\rangle$，その双対空間内のベクトルをブラ（横）・ベクトル$\langle\psi|$とし，その内積を$\langle\psi|\varphi\rangle$と書く．一方，数学では，ヒルベルト空間内のベクトルをφ，ψとした際，ψとψの双対ベクトルとの内積を(φ,ψ)と書くことが多い．このように，物理と数学で，内積を取る時，空間と双対空間の位置が入れ替わっているので，注意する必要がある．本書では，フォン・ノイマンの数学の記法に従っているが，本書評では，物理学の記法に従う．

14. 本書では，フォン・ノイマンに従いつつ，純粋状態を「状態」，混合状態を「混合」としている．また，本書評で現代物理学の記法に従い，$|\varphi\rangle\langle\varphi|$と表記される射影演算子は，本書ではフォン・ノイマンの関数解析的な記法に従い，$P_{[\varphi]}$となっている．

15. 非エルミート演算子は散逸系の量子物理学に関わる演算子である．羽田野・井村 [2023] を参照．

16. 本稿第3節の量子統計力学とデコヒーレンスについては，原田 [2023] の中で，量子もつれとの関連において詳細に解説した．

参考文献

稲葉　肇『統計力学の形成』，名古屋大学出版会，2021.

田崎晴明『熱力学』，新物理学シリーズ，培風館，2000.

田崎晴明『統計力学』I, II, 新物理学シリーズ，培風館，2008.

羽田野直道・井村健一郎『非エルミート量子力学』，講談社，2023.

原田雅樹「量子もつれ，シュレーディンガーの猫，デコヒーレンス―S. Haroche, J.-M. Raimond著 *Exploring the Quantum* を2022年ノーベル物理学賞の文脈で読む―」，『人文論究』第72巻第4号，関西学院大学，2023, pp. 23-61.

マックス・プランク『熱輻射論講義』，西尾成子訳・解説，岩波文庫，2021.

エリ・ランダウ，イェー・リフシッツ『統計物理学』，小林秋男，小川岩雄　他　共訳，第3判，上，岩波書店，1980.

S. Haroche, J.-M. Raimond, *Exploring the Quantum: Atoms, Cavities, and Photons*, Oxford, 2006.

（関西学院大学）

科学哲学 56-1（2023）

書評論文

自然主義論争の構図について
―吉田敬『社会科学の哲学入門』の批判的検討―

清水雄也・小林佑太

Abstract

Kei Yoshida's recent book *Philosophy of the Social Sciences: An Introduction* is the first introductory textbook on the philosophy of the social sciences written in Japanese. It concisely expounds on a wide range of topics in the discipline, while its explication of those topics is not impartial or neutral as the author himself says. This paper gives a critical review of the book. The first half of it briefly overviews and assesses the book as a whole. The latter half of the paper reconstructs the gist of the author's exposition of the naturalism/interpretivism debate and criticizes it.

1. はじめに

　現在の科学哲学は，科学全般に関する問題を扱う一般科学哲学よりも，各科学分野に特有の問題を扱う個別科学の哲学が中心となっている．或る時期に見られた，物理科学を科学の典型／理想として想定するような傾向が弱まり，より多様な科学分野をそれ自体の歴史的経緯や現在の実態に照らして研究しようという考え方が主流となっている．この流れを象徴するのは，まずは生物科学の哲学の成功であるが，それと並んで大きな研究領域となっているのが社会科学の哲学である[1]．そこでは，社会科学に関わる種々の存在論的・方法論的・倫理的問題などが論じられており，世界的に見れば科学哲学の主たる領域の1つとなっている．しかし，残念ながら日本語で読める著作はまだ少なく，入門書や教科書の類もわずかに出版されているのみである．日本において社会科学の哲学は，知名度自体が低く，関心を持った初学者や隣接分野の研究者からのアクセスも悪い．こうした状況の中で，日本における数少ない社会科学の哲学の専門家である吉田敬が2021年に上梓した『社

2022年7月29日投稿，2023年1月19日再投稿，2023年4月14日審査終了

会科学の哲学入門』（吉田 2021，以下「本書」）は，日本語で読める貴重な入門書であり，日本の学術界や読書界における社会科学の哲学の知名度とアクセスを大きく向上させる業績である．また，約200ページという比較的手頃な長さの中で，一人の著者が広範な話題を自身の立場を示唆しつつ平易に解説するという難事業に挑んだ野心的な企てでもある．

本稿では，本書の内容を概観するとともに，第2章で提示される自然主義論争をめぐる議論を批判的に検討してみたい．まず次節では，章ごとの手短な要約によって本書全体の概要を見る．第3節では，本書全体についての簡単な批評的コメントを述べる．第4節と第5節では，自然主義論争に関する吉田の議論を再構成しつつ批判的に検討する．本稿によって，同じ箇所に疑問を抱いた読者たちの理解が進み，また，より多くの潜在的読者がこの議論に参加してくれるようになることを望む．

2. 『社会科学の哲学入門』の概略

本書では，社会科学の方法論に関する哲学的問題が6つの章に分けて論じられている．本節では，それら各章の内容を概観する．

第1章では，方法論的個人主義と方法論的集団主義という，社会現象に対する異なるアプローチが扱われる．方法論的個人主義によれば，社会現象は社会を構成する個人の観点から説明される．これに対して集団主義によれば，社会現象を説明する際には，個人だけでなく組織や制度のような集合的な存在者を考慮する必要がある．しばしば両者の対立には存在論上の対立が含まれると見なされてきた．しかし著者によれば，方法論的個人主義者であっても集合的な存在者を認めることは可能である．著者は，このように方法論的な立場と存在論的な立場を区別しつつ，存在論的には集合主義を，方法論的には個人主義を採るハイブリッドな立場としての制度論的個人主義を提示する．

第2章では，社会科学の方法をめぐる自然主義と解釈主義の論争（自然主義論争）の検討を通じて社会科学の方法と目的は何かというトピックが論じられている．著者によれば，社会科学の主たる目的は行為の意図せざる結果を説明することにあるが，自然主義と解釈主義はどちらも意図せざる結果を十分に説明することができない．そこで著者は両者に代わる立場として状況分析を提示し，それが意図せざる結果の説明に有効であると主張する．自然主義論争に関する本書の議論については，本稿の第4節と第5節で詳しく検討する．

第3章では，社会科学における理論の役割とは何かという問題が論じられ

る．社会科学では，標準的経済学における合理的経済人のような経験的に正しくない（非現実的な）仮定を置くことがある．著者は，このことの是非に関する議論を，科学哲学における実在論と反実在論の論争（実在論論争）と関連づけて論じる．実在論とは観察不可能な対象についてもその真理性を認める立場であり，反実在論とは観察可能な対象についてのみ真理性を認める立場である．社会科学の理論に非現実的な仮定を導入することの是非に関する議論にも実在論論争と同様の対立図式を見出すことができる．実在論的立場によれば，経験的に正しくない仮定を社会科学理論に導入することには問題がある．他方で，反実在論的立場の1つである道具主義によれば，現象の説明や予測に役立つのであれば，そうした仮定を置くことに問題はない．標準的経済学では道具主義が支配的であったが，合理的経済人のような仮定を置くことで本当にうまく経済行動を予測し得ているのかという点に関しては様々な批判がある．そうした批判の中から，近年，行動経済学や神経経済学といった新しい分野が立ち上がってきた．著者によれば，こうした分野は意思決定に関わる実証研究を参照し，より現実的な前提から出発しようとする点で実在論的である．

　第4章では，社会科学的な知識は普遍的なものであり得るかという問題が取り上げられる．著者によれば，道徳や科学的知識に関しては普遍主義と文化相対主義という2つの対立する見解がある．前者は，道徳や科学的知識が文化の違いを越えて普遍的に当てはまるとする立場であり，後者は，道徳や知識は普遍的なものではなく，あくまで特定の文化にだけ当てはまるとする立場である．著者はどちらの見解にもそれぞれ問題があると述べる．たとえば，道徳の普遍主義はときに自文化中心主義に陥り，自文化のあり方を他の文化に押し付けてしまう．他方で，相対主義では特定の文化における（他の文化から見て問題があるとされる）慣習を外から批判することができない．著者によれば，社会科学の異文化研究における合理性をめぐる論争にも同様の問題がある．普遍主義によれば，異文化理解の基準となる合理性は究極的にはただ1つである．相対主義によれば，そうした合理性は文化ごとに異なり，異文化研究者はそうした合理性を最大限尊重する必要がある．著者はどちらにも道徳の場合と同様の問題があると述べ，両者を乗り越えるものとして，合理性をレベル分けするという議論を提示する．

　第5章では，社会科学的認識の客観性というトピックが扱われている．社会科学者が自身の持つ価値観に中立的な仕方で社会現象を研究することは可能なのだろうか．もし可能でないとすれば，社会科学的な認識はいかなる意味で客観的なのか．本章では，価値自由論を中心に，この問題に関する古典

的議論からその現代的展開まで，様々な議論が幅広く紹介されている．こうした議論を概観した後，著者は社会科学的認識を研究者の価値観から切り離すことは困難であると述べる．また他方で，研究者が持つバイアスをそのまま放置すれば社会科学的研究は単なる研究者の価値観の表明になってしまう恐れがあるとも指摘する．著者によれば，この問題に関する根本的な解決策は存在しない．しかし，本章で紹介されている議論の中に問題を漸進的に改善，修正していくための手がかりがあるという．そこでは，社会科学者が自身のバイアスを率直に認め，それを知識共同体の批判にさらすことで修正していく必要があると論じられている．著者はこうした見解を踏まえた上で，社会科学における客観性は，価値中立的であろうとする態度にではなく，自身の主張を絶えず批判にさらそうとする態度に依存すると述べる．

　第6章では，社会科学は自然科学に還元可能なのかという問題が論じられる[2]．本章で著者は，心理学の物理学への還元と社会科学の生物学への還元に関する論争を取り上げている．前者の論争に関しては，個別科学擁護論を主張する論者と物理学への還元を主張する論者の間で近年まで論争が続けられてきた．後者の論争に関しては，社会科学の自律性を認めず，社会生物学への還元，進化心理学への統合，生物学への包摂などを主張する論者と，社会法則擁護論や非還元主義擁護論など，社会科学の自律性を認める論者の間で議論がなされている．著者は，人間も生物である以上，進化生物学の知見を無視することはできないが，社会科学なしに社会現象を説明することは難しいと論じる．また，心理学的・生物学的なものが社会的なものを生み出しているとする点で，進化心理学は心理学主義に陥っていると述べ，疑問を投げかけている．このように，著者は社会科学の自律性を擁護する議論を支持しつつ，社会科学擁護論に属する種々の立場の違いを明確にしながら，非還元主義的な社会科学のあり方を追求していくことが今後の課題であると述べる．

3. 『社会科学の哲学入門』の特徴

　前節で概観したように，本書は1人の著者によるものとしては相当に広範な話題を，しかも手短かつ平易に解説している．そして，終章で「必ずしも積極的には自らの立場を主張してこなかった」としつつも「もちろん，筆者には自分の見解を隠すつもりはない」と述べているとおり (210)，各話題について複数の立場を紹介していく際に，それらを中立的に扱うというよりは著者自身の立場に基づいた仕方で整理しながら批判的に論じている．

　本書では幅広い話題が扱われているため，それらを貫く単一の立場が明確

にあるわけではないが，全体的な傾向は容易に見てとれる．それは，Popper
の思想（批判的合理主義）を継承する立場，いわば〈Popper派科学哲学〉と
でも呼べるものであり，そのことは著者自身も本書の最後に認めている
(212)．このことは，本書のいたるところでPopper自身やPopperの影響を受
けた論者たちの議論が取り上げられている点に表れている．また，複数の章
で，2つの対立する立場を紹介した上で，その対立図式そのものを乗り越え
るような（したがって吉田自身が肯定的に捉えている）立場として，Popper
系統の議論が提示されている．たとえば，第1章では制度論的個人主義，第
2章では状況分析，第4章では合理性のレベル分けが，既存の議論より優れ
たものであると示唆されている．第5章においても，Popperの客観性に関す
る議論がそうした位置づけを与えられていると見てよいだろう．序章で著者
自ら述べているように，こうした立場は「分野の多数派ではない」(1)．し
かし，Popper研究から出発し，さらにカナダでPopperの弟子筋にあたる
Jarvieに学んだ吉田がこうした立場を採るのは不自然ではないだろう．

　こうした立場を背景にしつつ，本書は全体として思想史的な部分に比重を
置いた解説を展開している．現代の社会科学の哲学における大きなテーマ
と，それらに関する主要な立場について，近世から現代に至るまでの議論の
流れを，巨人たちの論を紹介しながら再構成するという手法が随所で採られ
ている．そのため，そうした内容に馴染みのない読者は，各テーマについて
研究する際に前提となる概念や論者を，大枠の歴史的経緯とともに学ぶこと
ができる．また，大きな視点から眺めることで，いまや高度に専門化した議
論の背景にある問題意識を，枝葉末節にとらわれることなく知ることができ
るだろう．

　しかし他方で，手短な論述の中に思想史的解説をふんだんに盛り込むこと
には短所もあるように見える．第1に，概念の内実や議論の構成が十分明確
にされないまま論述が進んでしまっている箇所が少なくない．そのため，紹
介される議論やそれらに対する吉田の評価を，定義と論証に基づいて吟味す
ることが難しくなってしまっている部分がある．第2に，実際に現在の専門
誌などで論じられている議論からするといくぶん古めのものが中心になり，
近年の科学哲学の動向との間にやや隔たりのあるものになっている部分があ
る．第3に，現代の社会科学が実際に扱っている問題や方法と関連づけた議
論があまりされていない．たとえば，多くの社会科学分野で主要なアプロー
チの1つとなっている統計的研究の問題やその位置づけに関する議論などが
不足しており，現代の社会科学と本書で論じられている哲学的な議論との関
係が見えにくくなっているところも多いように思われる．

このような特徴とそれにともなう長所と短所を持つ本書を，その内実に即して一言で特徴づけるならば〈Popper派科学哲学者による社会科学思想史入門〉となるだろう．上述のとおり，本書はいくつかの意味で標準的な科学哲学の教科書ではないが，その特徴を理解して用いるならば，特に初学者にとって有益かつ貴重な一作であると言えよう．

4.　吉田が描く自然主義論争の構図

　ここからは，本書の第2章で扱われている自然主義論争に論点を絞り，その内容を検討していく．自然主義論争とは社会科学の方法をめぐる論争であり，通常，自然主義と解釈主義という2つの立場の対立として理解されている．本章において吉田は，自然主義論争の思想史的起源に遡りつつ，自然主義と解釈主義がそれぞれどのような立場かを紹介し，どちらの立場も社会科学にとって重要な説明対象である意図せざる結果を上手く扱うことができないと述べる．その上で，自然主義／解釈主義の対立自体を乗り越え得るものとして状況分析という手法を提示する[3]．

　しかし，以下で論じるように，吉田による自然主義や解釈主義の特徴づけは必ずしも適切なものとは言えないように思われる．どちらの立場も意図せざる結果をうまく説明できないという吉田の診断は，両立場に対する必ずしも適当とは言えない理解に基づいており，慎重な批判的検討を要する．自然主義論争という長年にわたる議論を現代において実のある仕方で論じるには，それぞれの立場と論争の構図を精確に描き直すことから始めなければならない．そこで，本節ではまず本書が描く自然主義論争の骨子を明確化しつつ再構成する．

　吉田によれば，自然主義は「社会現象は自然現象と同じように研究できる」とする立場であり，解釈主義はそれを否定して「社会現象は自然現象とは異なるので，社会現象を研究するためには独自の方法が必要である」とする立場である (52–3)．ここで想定されている「自然現象と同じように研究する」とはどのようなことだろうか．その詳細は明示的に論じられていないものの，本文の論述から，「機械論的に研究する」ことだと想定されているのが見てとれる (53)．では，「機械論的に研究する」とはどういうことか．この点もやはり詳しくは論じられていないが，一般的に機械論とは，被説明現象ないしその諸部分の目的を持ち出すことなく力学的な因果関係だけで現象を説明するという立場であるとされる (e.g. 野家・門脇 2016：152–3)．これを踏まえて敷衍するならば，ここで描かれている自然主義と解釈主義の対立点とは，人間行為が含まれる社会現象を，行為の意図や目的といった志

向的状態を持ち出すことなく説明し得るか否かという問題であると言える.
だとすると，吉田の想定している機械論的な自然主義の内実はとりあえず次
のように定式化できるだろう.

(NAT$_M$)　社会科学において意図や目的はいかなる説明的役割も持たないた
め，それらを社会現象の説明から排除することができる.

これは本書での例示とも整合する．そこでは，行動主義が自然主義的な社会
科学の一例として挙げられ，それは意図や目的を人間行動の説明から排除す
るという点において自然主義的であるとされている (57–8, 66–7)．自然主義
の内容がこのようなものだとすれば，それへの否定（アンチテーゼ）として
位置づけられている反機械論としての解釈主義の方は次のような立場だとい
うことになるだろう.

(INT$_M$)　社会科学において意図や目的は不可欠な説明的役割を持つため，
それらを社会現象の説明から排除することはできない.

本書では自然主義／解釈主義の詳しい内実は明示的に定式化されていない
が，関連する論述から再構成するならば，第2章「前半」における自然主義
論争の構図は以上のように整理できると思われる.
　ところが，第2章の後半（第5節以降）では想定される自然主義論争の構
図が変わっているように見える．前半では，社会現象は機械論的に研究し得
るか，という観点から自然主義と解釈主義が特徴づけられていた．これに対
して後半では，社会現象が2種類に分類され，自然主義はどちらも十分に説
明できない立場であり，解釈主義は2種類のうち一方を十分に説明できない
立場であるという診断が下されるのであるが，このとき，自然主義の特徴づ
けは (NAT$_M$) のままに，解釈主義の特徴づけを暗黙裡に (INT$_M$) から変更
しているように思われるのである．本章後半の議論において吉田は，解釈主義
をより極端な立場として特徴づけることによって，自然主義と解釈主義のど
ちらも十分に説明できない領域が存在すると論じる．そしてその上で，その
領域を説明し得る立場として状況分析が提示されるのである．以下では，こ
の後半部分の議論を検討していく.
　吉田によれば，自然主義論争の起源は，古代ギリシアにおける自然（ピュ
シス）／規約（ノモス）の二分法にある．そして，この二分法には，以下で示
すような明確に分けられるべき異なる2種類の区別が混在している[4]．それ

にもかかわらず，従来の自然主義論争は2種類の区別を混同したままなされてきた．その結果として，社会科学が説明すべき重要な領域（意図せざる結果）を自然主義と解釈主義のどちらも十分に説明することができなくなってしまっている，というのが吉田の診断である．

　吉田によれば，自然／規約の二分法には次の2種類の区別が含まれている(70)．

　　第1の区別：人間の行為とは独立に存在する対象と，人間の行為の結果である対象の区別（非人為的／人為的の区別）
　　第2の区別：人間の設計とは独立に存在する対象と，人間の設計の結果である対象の区別（非設計的／設計的の区別）

これらは明確に分けて考えられるべきものであり，併せて論じる場合には（自然／規約の2つではなく）以下の4つに分類されると考えなければならない．

　　（ⅰ）非人為的かつ非設計的
　　（ⅱ）非人為的かつ設計的
　　（ⅲ）人為的かつ非設計的
　　（ⅳ）人為的かつ設計的

ここで（ⅰ）は自然科学の対象領域であり，（ⅱ）はそもそも成立しないと考えてよい．そして，（ⅲ）と（ⅳ）とが社会科学の対象領域になる．

　この分類を用いながら，吉田は，自然主義も解釈主義も（ⅲ）の領域を適切に扱えないと論じる．特に重要なのは，（ⅲ）が（ⅳ）から区別されることである．それは，人間行為によってもたらされる事柄からなる領域ではあるが，（ⅳ）とは異なり，それをもたらす行為者の設計（意図や目的）のとおりに成立していない事柄の領域である．吉田は，こうした領域を社会学の用語を用いて「意図せざる結果」と呼び，Hayekの議論を引きながら，社会科学におけるその重要性を強調する．

　では，自然主義が（ⅲ）の領域をうまく扱えないというのはなぜだろうか．吉田によれば，それは自然主義が「社会制度のあり方について十分に説明することが難しい」からである(73)．この主張の内容や論拠の詳細は述べられてないが，ここで示唆されているのは要するに次のような議論だろう．すなわち，（ⅲ）の領域に属するような社会現象を説明するには社会制

度を説明しなければならないが，自然主義は社会制度を説明できない立場であり，したがって自然主義はそうした社会現象を説明できない．それでは，なぜ自然主義は社会制度を説明できないのだろうか．これについてもここでは論じられていないが，制度について論じている第1章の論述から手がかりが得られる．第1章で示唆される制度に関する吉田の考えは，社会制度は，（少なくとも部分的には）ゲーム理論的な均衡として理解できるものであり，個人の意思決定を外在的に制約するものでもある，という立場である（43–4）．そこからは，吉田が社会制度を合理的な意思決定論との関連によって定義されるべきものと見ていることがうかがえる．そして，そうした意思決定論は個人の目的等に基づいて行為選択を説明するものであるため（NAT$_M$）と折り合わない．つまり，（NAT$_M$）として定式化された自然主義は，社会現象の説明から行為の意図や目的を排除することができると考えるが，行為の意図や目的なしに意思決定は説明できず，意思決定を説明できなければ社会制度を説明できず，社会制度を説明できなければ（iii）を説明できない，というのが吉田の理路である．ところで，このように考えるならば，同じ理由で（iv）も説明できないということになりそうである．というのも，いずれにしても人間の行為には社会制度が関わっているはずであり，意図せざる結果の説明に制度への言及が必要であるなら，意図どおりの結果の説明についても同様なはずだからである．それゆえ，吉田の指摘する自然主義の問題点は，（iii）だけでなく（iv）も説明できないということであると理解されるべきだろう．すると，自然／規約の二分法を批判することで導入された（iii）と（iv）の区別は，自然主義の短所を指摘する議論には関連していないということになる．（iii）の重要性を指摘することで第3の立場としての状況分析の優位性を論じる吉田の議論は，もっぱら解釈主義への批判に関わるものであると考えねばならない．

　では，なぜ解釈主義では（iii）を十分に説明することができないのだろうか．吉田によれば，解釈主義的な説明では「行為者の主観的な理解に焦点を当てるため，（中略）行為者が意図していない事柄に目が行き届かない」というのがその理由である（75）．しかし，なぜ行為者の主観的な理解に焦点を当てると，行為者の意図していない事柄に目が行き届かなくなるのだろうか．本書の中でこの点に関する詳細な説明はなされていないが，解釈主義と状況分析の違いが説明されている箇所にその理由を理解する糸口があるように思われる．その箇所での論述によれば，解釈主義は，行為者の目的や知識，および行為者の置かれた状況を行為者の「主観的な観点から捉える」立場である．これに対して状況分析はそうした要素を「客観的な問題状況の要

素として捉える」立場である (77). 言い換えるならば，解釈主義は，被説明現象の生起に関連するそうした要素を客観的な観点からは捉えない立場だということになる. であるならば，解釈主義はその種の要素のうち行為者の主観的な観点に含まれるもののみによって社会現象を説明する立場ということになる. 解釈主義をこのように理解するならば，それが（iii）を十分に説明することができないとされる理由が推測可能になる. 解釈主義は社会現象を行為によって説明し，行為を行為者の意図や目的によって説明する立場であるとされる (75). しかし，社会現象を説明する要素が，行為者の主観的な観点に含まれるものに限定されるのであれば，行為の設計どおりに成立していない現象を説明するのは困難である. というのも，それが行為の設計どおりに成立していない現象である以上，その生起には行為者の意図に含まれない様々な外的要素（物理的環境や社会制度のような外的状況）が関連していると思われるが，こうした要素は，解釈主義的な説明には含まれないことになるからである[5]. このために，解釈主義では（（iv）は説明できても）（iii）を十分に説明できないとされるのだと考えられる.

　さて以上が，自然主義でも解釈主義でも（iii）の領域を説明できないと吉田が考える理由である. そして，すでに述べたとおり，じつはここで自然主義／解釈主義の構図が前半で示唆されていたものから変化しているように思われる. 自然主義についてはここでの議論も (NAT_M) に基づいた議論がなされているが，解釈主義については (INT_M) に基づいた議論にはなっていないと考えざるを得ない. というのも，解釈主義を (INT_M) で理解するかぎり，（iii）を説明できないという上述の理屈は成立しないからである. (INT_M) では行為の意図や目的を参照することが必要だとされているだけであり，意図や目的以外の要素が説明に含まれることは否定されていない. 吉田のように，解釈主義では行為者の意図していない事柄を十分に説明することができないと主張するには，たとえば次のように解釈主義をより強い立場として理解する必要があるだろう.

　　(INT_M*) 社会現象は，人間行為の意図や目的によって，またそれによって
　　　　のみ，説明することができる.

(INT_M) では行為者の意図や目的は説明の必須要素とされているだけであるが，(INT_M*) では，さらにその他の要素を説明に加えることが不要だとされる. このように解釈主義を理解するならば，自然主義と解釈主義との論争は，社会現象の説明において「行為者の意図や目的が説明的役割を持たな

い」とする立場と「行為者の意図や目的だけが説明的役割を持つ」とする立場の対立だということになる．そうして，「行為者の意図や目的は説明的役割を持つが，それ以外の要素も説明的役割を持つ」という立場が論争の構図から抜け落ちる．このことによって，自然主義論争を乗り越えるものとしての状況分析という議論が可能になる．吉田によれば，状況分析は行為者の意図や目的を説明に取り入れるという点で自然主義とは異なる．また，行為者の意図や目的には含まれない要素を説明に取り入れるという点で解釈主義とも異なる．以下では，本書が最終的に想定している自然主義理解は (NAT$_M$) であり，解釈主義理解は (INT$_M$*) であるというこの読解に基づき，いくつか批判的な議論をしてみたい．

5. 吉田的構図の批判

5.1 自然主義について

前節で見たように，本書において吉田は自然主義の内実として (NAT$_M$) を想定しているように見える．それは，自然科学における機械論を社会科学に拡大適用し，社会科学から意図や目的といった志向的なものを排除できるという立場である．しかし，この自然主義理解にはいくつかの問題があるように思われる．

まず，(NAT$_M$) のような仕方で自然主義を捉えることは，第 2 章における別の箇所の論述と整合しない．吉田は，現代社会科学において自然主義が「有力な立場」であり，「主流になっている」と述べている (56, 68)．しかし，志向性を排除した方法論が現代社会科学の主流であると考えるのは無理があるように思われる．社会科学一般に共通する「有力」ないし「主流」の方法があるという考え自体に疑問はあるが，しばしばそのようなものとして言及されるのは統計的手法や合理的選択理論を用いた研究だろう．しかし，そこに (NAT$_M$) のような想定があると考えるのは適切でない．統計的手法を用いた計量的な社会研究において，様々な社会制度の存在はごく普通に前提とされるが，そうした研究を行なう社会科学者たちが社会制度は志向的な基盤を持つという考えを一様に拒否しているとは考え難い．また，合理的選択理論を用いた社会研究は，そもそも人間の志向性から社会現象を説明しようという企てであり，志向性の排除とは根本的に折り合わない．これらとは別に志向性を排除した説明を追求する立場があるとしても，少なくとも現在の社会科学においてそうした議論が有力ないし主流になっているとは言えない．よって，自然主義を (NAT$_M$) のように捉えることと，自然主義が現代社

会科学において主流派であると考えることは整合しない.

　ところで，上述のように（NAT_M）が合理的選択理論と折り合わないという問題は，本書中の論述の不整合以上の問題を示しているように思われる. というのも，通常，自然主義論争に関する議論において，合理的選択理論は自然主義の側に属するものとして扱われるからである（Rosenberg 2016; Blakely 2016）. 少なくとも，それが志向的状態に基づくものであるという理由で合理的選択理論を自然主義的方法論から除外するような議論は普通なされない. このことは，（NAT_M）が自然主義の理解としてあまり適切でないことを，すなわち，吉田が第 2 章で想定している自然主義の立場が実際に自然主義と呼ばれている立場と重要な点で異なることを示唆する.

　ここであらためて，社会科学方法論における自然主義とは何かという問題を考えてみたい. まず言えるのは，自然主義とは「社会現象は自然現象と同じように研究できるとする立場」であるという薄い特徴づけについては，基本的に多くの論者が合意しているということである. 問題は，「自然現象と同じように研究できる」ということの内実を（NAT_M）と見るべきかという点にある. たしかに，人間的・社会的な領域に特徴的とされる志向的状態に関連する語彙を排除する立場を自然主義と呼ぶ場合もなくはないが，社会科学の哲学における自然主義の内実を仔細に検討する議論の多くはそうした仕方で自然主義を捉えていない. 細かい議論や用語法に違いはあるものの，そうした議論に共通するのは，社会科学における因果的・法則的な探究の可能性を支持する立場としての自然主義という見方である（Papineau 1978; Kincaid 1996; McIntyre 1996; Steel 2010; Rosenberg 2016）. それは大まかには以下のように定式化できる.

　　（NAT_C）　社会現象は，因果的・法則的に説明したり予測したりすることが
　　　　　　　できる.

重要なのは，（NAT_C）は，社会科学における志向的状態の説明的役割を原理的に排除しないということである. この基本的な意味での自然主義にとって，志向性の排除や自然科学への還元はあくまで可能な追加的主張であって，それ自体に含まれるものではない. つまり，（NAT_M）は，（NAT_C）に志向性排除（人間社会機械論）を加えたものと見なせるのである. たしかに，そうした機械論や還元主義まで含めたものを自然主義として扱う議論もなされることはあるかもしれないが，そうした特徴づけは自然主義者たちの間で一致するものではないし，現代社会科学において広く支持されているものでも

ない．本書では自然主義が現代社会科学における主流派ないし有力説だと述べられているが，そうであるとすれば，その自然主義は (NAT$_C$) であろう．これならば，合理的選択理論が概念的に自然主義と折り合わないという問題も生じない[6].

本書における自然主義論の問題は次のようにまとめられるだろう．まず，自然主義の内実に関する明示的な特徴づけが不十分である．そこで，いくつかの論述から再構成してみると，本書では自然主義を (NAT$_M$) のような仕方で理解していることが推察される．だが，これは自然主義が現代社会科学における主流だという別箇所での論述と整合せず，また自然主義の特徴づけそれ自体としても適切とは言えない．自然主義の立場を積極的に論じてきた論者たちの議論を踏まえるならば，自然主義の基本的な主張は (NAT$_C$) にあると考えた方がよい．そして，自然主義をそのように捉えるならば，状況分析を持ち出す必要もなくなるだろう．そもそも，自然主義論争の文脈で状況分析が大きく取り上げられることは滅多にない．ここは特に吉田の Popper 派的な特色が強く出ている箇所であることに読者は注意する必要があるだろう．

5.2 解釈主義について

前節で述べたように，本書における解釈主義の特徴づけは章の前半と後半で異なっており，説明の一貫性という点でいくぶん問題を抱えているように見える．しかも，吉田の最終的な解釈主義理解と思われる (INT$_M$*) は，解釈主義者たちの主張に関する本書内での解説と一致しない．そこでの解説によれば，Winch の解釈主義は「社会科学の説明には社会現象の内的な理解が含まれていなければならず，因果的説明だけでは不十分である」とする立場であり，Taylor の解釈主義は，社会科学の説明は行為者の意図や目的を無視することはできないとする立場である (65–7)．ここで紹介されている Winch や Taylor の主張は，社会現象の説明には行為者の内的理解や志向的状態を含める必要があるというものであり，(INT$_M$) として特徴づけられそうなものである．少なくとも両者の主張が (INT$_M$*) を含意しているようには思われない．

また，(INT$_M$*) は解釈主義者たちの実際の議論とも必ずしも一致していない．第 1 に，Winch は，行為の説明において，その行為を可能にする社会制度についての行為者の主観的な理解だけでなく，社会制度それ自体も参照されなければならないとしている (Winch 1958: 50–1 = 1977: 62–3; 山田 2020: 135–6)．第 2 に，Taylor は，行為の説明において，一方で，行為者自身によ

る行為理解（自己記述）を無視することはできないとしつつ，他方で，そうした理解を訂正不可能なものとして受け入れることも誤りであるとし，行為者の観点の外側にある要素を参照すべき場合があることを認めている（Taylor 1985: 118, 123–4; Abbey 2000: 154 = 2019: 203）．第3に，Geertzは，個別事例を論じる際に因果言明を含む分析を提示しているが，その分析は明らかに外的要素を参照しながらなされている（Geertz 1973 = 1987; Steel 2010: 236–8）．Winch, Taylor, Geertzのこうした議論は，解釈主義が（INT_M*）ではなく（INT_M）として定式化され得るものであることを示唆している．

　では（INT_M*）を主張している解釈主義者は誰なのか．本書において該当しそうなのはBevir & Rhodesである．吉田は，意図せざる結果の説明に関するBevir & Rhodes（2006: 401）の論述に言及し，それが「意図せざる結果は行為によって説明され，行為は行為者の志向的状態によって説明される」というものであることを指摘している（75）．たしかに，この箇所で言及されている意図せざる結果の説明には，行為と行為者の志向的状態以外の要素は登場していない．そこでのBevir & Rhodesの議論が，意図せざる結果を含む社会現象は行為と行為者の志向的状態だけで説明されるということを意味しているのであれば，解釈主義は（INT_M*）によって特徴づけられるような内実を持っていることになる．そうであるならば，解釈主義では「行為者の意図していない事柄には目が行き届かない」という吉田の批判が当てはまるように思われる．

　ただし，Bevir & Rhodesの議論が志向的状態以外の要素の排除を意味しているか否かについては検討の余地がある．Bevir & Rhodes（2006: 401）によれば，意図せざる結果は行為の結果ではあるものの，志向的状態によって構成されるものではない．もしBevir & Rhodesの立場が，意図せざる結果は志向的状態だけで説明され得るというものだとすれば，Bevir & Rhodesは志向的状態によって構成されていない現象を志向的状態だけで説明できると主張していることになる．もちろん，その可能性がまったくないわけではないが，それはもっともらしくないだろう．じつのところ，Bevir & Rhodes（2006）の議論では，行為の説明に焦点があり，意図せざる結果がどのように説明され得るかという点についてはほとんど論じられていない．少なくとも，ここで参照されている文献の論述のみからBevir & Rhodesが（INT_M*）を主張しているとは言えないだろう．

　しかし，解釈主義の内実が（INT_M）であるとすると，それより優れた立場として状況分析を持ち出す余地はなくなる．吉田によれば，意図せざる結果の説明において状況分析が解釈主義よりも優れているのは，行為者が意図し

ていない事柄をその説明に含めることができるからである (75, 77). だが, (INT$_M$) の主張内容は社会現象の説明に志向的状態は不可欠だというものであり, それ以外の要素が不要であるとまでは主張されていない. 解釈主義が (INT$_M$) によって特徴づけられるのであれば, 行為者が意図していない事柄に目が行き届かないという批判は当てはまらず, 解釈主義に対する状況分析の優位性も主張できないだろう.

　本書における解釈主義論の問題点は次のようにまとめることができる. まず, 解釈主義それ自体の理解が本章の前半と後半で暗黙裡に変更されてしまっていると考えられる. また, 吉田の最終的な解釈主義理解と思われる (INT$_M$*) は, 解釈主義者たちの主張として本書で紹介されている議論とうまく一致しているように見えない. 他方で, 解釈主義の内実が (INT$_M$) であるとした場合, 意図せざる結果の説明における解釈主義の弱点を克服した立場として状況分析を持ち出す必要はなくなる. 解釈主義では意図せざる結果を十分に説明できないという吉田の診断の背後には, これまで論じてきたような解釈主義に対する独自の特徴づけがあることに読者は十分注意を払う必要があるだろう.

　以上, 本書で描かれている自然主義論争の構図を批判しつつ, 自然主義と解釈主義をどのように理解するべきなのかという問題について検討してきた. 自然主義に関しては (NAT$_M$) よりも (NAT$_C$) の方が, 解釈主義については (INT$_M$*) よりも (INT$_M$) の方が, それぞれの内実に関するより適切な特徴づけであると考える理由がある. そして, そのように両立場を理解するならば, 状況分析がそれらを乗り越えるような立場であるという吉田の見立ても崩れることになる. これが, ここでの結論である. しかし, 本稿では, 自然主義論争が結局どのような論争であり, どのように解決されるべきものであるのかということについて, 積極的なことを何も論じられていない. そうした問題については, あらためて別稿で論じたい[7].

注

1. 生物科学や社会科学といった括りは, 「個別科学」と呼ぶには大枠すぎると思われるかもしれない. 実際, 神経科学の哲学, 進化生物学の哲学, 経済学の哲学, 社会学の哲学といったように, より細分化した仕方で分野を特徴づけることも多い. しかし, 生物科学や社会科学のような括り方でも十分に (一般科学哲学的ではないという意味で) 個別的な議論ができる主題は多く, 実態としてもこうした括り方をすることはよくある.

2. 著者が述べているように，そもそも社会科学の自律性を認めず，自然科学への還元が可能であるとする立場もまた自然主義と呼ばれることがある (52)．本書の第 2 章では前者が，第 6 章では後者が取り上げられている．

3. 著者の博士論文とそれを元にした著作 (Yoshida 2014) はこの論争（特に解釈主義）に関するものである．自然主義論争は著者自身が専門的に研究してきたテーマであり，そのため，本書第 2 章は著者自身の研究成果や社会科学観が色濃く反映されている箇所でもある．

4. この議論は厳密には吉田による独自の議論ではなく，Hayek による議論であるが，吉田は Hayek の主張を全面的に踏襲しているため，吉田の議論として扱う．

5. 吉田は，外的状況だけでなく行為者の目的や知識についても，解釈主義と状況分析とでは捉え方が異なると論じている (75–8)．すなわち，前者は主観的観点から，後者は客観的観点からそれらを捉えるとされる．しかし，意図せざる結果の説明可能性に注目する限り，直接的に関連するのは，客観的観点から見た外的状況を説明に含めるか否かという問題だけであるように思われる．

　そもそも目的や知識を客観的観点から捉えるとはどういうことなのだろうか．状況分析によれば，行為を説明しようとする社会科学者は，その行為者の目的や知識を理論的な説明モデルの要素として客観的な仕方で指定することができるし，そうすべきである．第 1 に，行為の説明に必要なのは，行為者の目的や知識であって，それらに関する行為者の自己理解ではない．第 2 に，行為者が行為する際に実際に持っている目的（欲求）や知識（信念）のすべてが，行為の説明に関連するわけではなく，その意味で，行為者の主観（心的状態）を詳らかにすることは行為の説明に必要でない．第 3 に，そうした（当該行為に関連する）行為者の目的や知識は，行為者に関する客観的にアクセス可能な情報から合理的に推定することができる．これが，行為者の目的や知識を客観的に捉えるという状況分析のおおよその主張である (Popper 1994 = 1998; Jarvie 1972 = 1992)．

　このような，目的や知識に関する捉え方の問題は，行為の説明一般にかかわることがらであって，意図せざる結果の説明可能性だけに関連するものではない．また，目的や知識を上述のような仕方で捉えることが解釈主義と本質的に相容れないものであるかどうかは必ずしも明らかでない．そのため，意図せざる結果の説明可能性を根拠として解釈主義に対する状況分析の優位性を論じる際に，この論点は特に関連性を持たないように思われる．

6. ただし，合理的選択理論が社会現象の因果的・法則的な説明に真に資するものであるか否かという点は，実質的な問題として残る．つまり，合理的選択理論の使用を実質的に支持しない自然主義者は存在し得る．しかし，それは自然主義が予め合理的選択理論を排除するということを意味しない．

7. 本稿に対して，井頭昌彦，伊沢亘洋，今井慶悟，小田和正，苗村弘太郎，堀内翔平の各氏，および二名の匿名査読者から有益なコメントをいただいた．記

して感謝申し上げる.

文献

Abbey, R., 2000, *Charles Taylor*, Acumen. (梅川佳子（訳），2019,『チャールズ・テイラーの思想』，名古屋大学出版会.)

Bevir, M. and R. A. W. Rhodes, 2006, "Disaggregating Structures as an Agenda for Critical Realism: A Reply to McAnulla," *British Politics* 1(4): 397–403.

Blakely, J., 2016, *Alasdair MacIntyre, Charles Taylor, and the Demise of Naturalism: Reunifying Political Theory and Social Science*, University of Notre Dame Press.

Geertz, C., 1973, *The Interpretation of Cultures*, Basic Books. (吉田禎吾・中牧弘允・柳川啓一・板橋作美（訳），1987,『文化の解釈学』（Ⅰ・Ⅱ），岩波書店.)

Jarvie, I. C., 1972, "Understanding and Explaining in the Social Sciences," in *Concepts and Society*, Routledge, pp. 37–66. (石川英昭（訳），1992,「〈翻訳〉Ⅰ・C・ジャービィー『社会科学における理解と説明』——P・ウィンチ『コメント』」『鹿児島大学法学論集』28(1): 165–216.)

Kincaid, H., 1996, *Philosophical Foundations of the Social Sciences: Analyzing Controversies in Social Research*, Cambridge University Press.

McIntyre, L. C., 1996, *Laws and Explanation in the Social Sciences: Defending a Science of Human Behavior*, Westview Press.

野家啓一・門脇俊介（編），2016,『現代哲学キーワード』，有斐閣.

Papineau, D., 1978, *For Science in the Social Sciences*, Macmillan Press.

Popper, K., 1994, "Models, Instruments, and Truth," in M. A. Notturno (ed.), *The Myth of the Framework: In Defence of Science and Rationality*, Routledge, pp. 154–84. (蔭山泰之（訳），1998,「モデル，道具，理性」『フレームワークの神話——科学と合理性の擁護』，未来社，pp. 266–314.)

Rosenberg, A., 2016, *Philosophy of Social Science* (Fifth Edition), Taylor & Francis.

Steel, D., 2010, "Naturalism and the Enlightenment Ideal: Rethinking a Central Debate in the Philosophy," in P. D. Magnus and J. Busch (eds.), *New Waves in Philosophy of Science*, Palgrave Macmillan, pp. 226–49.

Taylor, C., 1985, *Philosophy and the Human Sciences: Philosophical Papers Volume 2*, Cambridge University Press.

Winch, P., 1958, *The Idea of a Social Science and Its Relation to Philosophy*, Routledge. (森川真規雄（訳），1977,『社会科学の理念——ウィトゲンシュタイン哲学と社会研究』，新曜社.)

山田圭一，2020,「社会科学の方法論について哲学は何を語りうるのか——ウィンチのウィトゲンシュタイン解釈の検討を通じて」『千葉大学人文公共学

　　　研究論集』41: 131–42.

Yoshida, K., 2014, *Rationality and Cultural Interpretivism: A Critical Assessment of Failed Solutions*, Lexington Books.

吉田敬，2021，『社会科学の哲学入門』，勁草書房.

清水雄也（京都大学）・小林佑太（無所属）

第55回（2022年）大会記録（名古屋大学東山キャンパス）

12月3日（土）

研究発表 （10：00-12：00）
《A会場》（10：10-12：00）　　司会：A1-A2　網谷祐一（会津大学）
　　　　　　　　　　　　　　　　　　　A3-A4　野内　玲（信州大学）
A1.　石田知子（富山県立大学）　科学における不知
A2.　白井仁人（一関工業高等専門学校）
　　　　　　　　　　　　　　　ベルの不等式の破り方：量子解釈の比較
A3.　森田紘平（名古屋大学）・高三和晃（東京大学）
　　　　　　　　　　　　　　　物性物理学におけるモデルの階層的ネット
　　　　　　　　　　　　　　　ワークと有効モデル
A4.　細谷享平（北海道大学）　科学的モデルが持つフィクション性

《B会場》（10：10-12：00）　　司会：B1-B2　岡田光弘（慶應義塾大学）
　　　　　　　　　　　　　　　　　　　B3-B4　峯島宏次（慶應義塾大学）
B1.　豊岡正庸（北海道大学）　直観主義命題論理と古典命題論理の組み
　　　　　　　　　　　　　　　合わせ論理C＋Jに対する論理式の意味
　　　　　　　　　　　　　　　の証明論的な分析
B2.　大西琢朗（京都大学）　　直観主義様相論理の一体系と非必然性様相
B3.　井上朋彦（名古屋大学）　「公理主義」史観から見るヒルベルトの
　　　　　　　　　　　　　　　数学基礎論研究
B4.　鈴木　聡（駒澤大学）　　Measurement Theory Meets Mereology
　　　　　　　　　　　　　　　in Resemblance Nominalism

《C会場》（10：10-12：00）　　司会：C1-C2　西條玲奈（東京電機大学）
　　　　　　　　　　　　　　　　　　　C3-C4　筒井晴香（東京大学）
C1.　渡辺一樹（東京大学・日本学術振興会）
　　　　　　　　　　　　　　　インテグリティ・個人・不偏性：バー
　　　　　　　　　　　　　　　ナード・ウィリアムズの倫理学理論批判
C2.　李　嘉　（京都大学）　　Social Categories in Social Science
C3.　長谷奏音（神戸大学）　　性的行為の特徴づけについての意図主義
　　　　　　　　　　　　　　　の擁護
C4.　太田雅子（東洋大学）　　強制は行為を免責するか

理事会・評議員会・大会実行委員会（12：00-13：30）
総会〔石本賞授与式〕（13：30-14：30）《Ｅ会場》

シンポジウム（14：30-17：30）《Ｅ会場》
　コミュニケーションメディアの哲学
　オーガナイザー：呉羽真（山口大学）
　提題者：呉羽　真（山口大学），松永伸司（京都大学），
　　　　　稲見昌彦（東京大学）
　コメンテーター：村上祐子（立教大学）
　司会：藤川直也（東京大学）

情報交換会（懇親会）（17：00-18：30）
　会費：無料
　会場：プレゼンテーションスペース

12月4日（日）

ワークショップ（10：45-12：15）
　Ⅰ．「哲学・論理学・計算機科学・工学：人工知能へのアプローチ」
　　　　　　　　　　　　　　　　　　　　　　　　　　　《Ａ会場》
　　　オーガナイザー：村上祐子（立教大学）
　　　提題者：村上祐子（立教大学），竹内泉（産業総合研究所），
　　　　　　小山　虎（山口大学），Lawrence Moss (Indiana University)

　Ⅱ．「論理とリーズニングにおける「不一致」」《Ｂ会場》
　　　オーガナイザー：岡田光弘（慶應義塾大学），峯島宏次（慶應義塾大学）
　　　提題者：細川雄一郎（群馬県立女子大学），西村友海（九州大学），
　　　　　　峯島宏次（慶應義塾大学），岡田光弘（慶應義塾大学）

　Ⅲ．「証言の社会的認識論」《Ｃ会場》
　　　オーガナイザー：野上志学（三重大学）
　　　提題者：飯塚　舜（東京大学・日本学術振興会），
　　　　　　松本将平（東京大学・日本学術振興会），野上志学（三重大学）

理事会・編集委員会・大会実行委員会（12：15-13：15）

特別講演（16：30-18：00）《A会場》
「2022年のノーベル物理学賞業績と量子論的実在像」
講演者：谷村省吾（名古屋大学）
司会者：伊勢田哲治（京都大学）

研究発表（15：05-17：05）
《A会場》（15：05-17：05）　　司会：A1-A2　柏端達也（慶應義塾大学）
　　　　　　　　　　　　　　　　　　　A3-A4　太田紘史（新潟大学）
A1.　堀江幸生（名古屋大学）　　アジールと自死、脳の変容
A2.　西澤徹臣　（大阪公立大学）　自由意志論は道徳的責任に必要な自由を
　　　　　　　　　　　　　　　　　問うているのか
A3.　篠崎大河（慶應義塾大学）　フィクションとしてのクオリア：不可謬
　　　　　　　　　　　　　　　　　性論証を定式化する
A4.　平田一郎（関西外国語大学）ホワイトヘッドの汎心論

《B会場》（15：05-17：05）　　司会：B1-B2　戸田山和久（名古屋大学）
　　　　　　　　　　　　　　　　　　　B3-B4　藤川直也　（東京大学）
B1.　横山幹子（筑波大学）　　　統合的レベル分類と存在論
B2.　遠藤進平（一橋大学）　　　Truthmakers for Epistemicism
B3.　浅利みなと（東京都立大学）コミュニケーションの一手としてのカモ
　　　　　　　　　　　　　　　　　フラージュ
B4.　木下蒼一朗（東京大学）　　会話的推意の取り消しに関する誤解

《C会場》（15：05-17：05）　　司会：C1-C2　伊勢田哲治（京都大学）
　　　　　　　　　　　　　　　　　　　C3-C4　笠木雅史　（広島大学）
C1.　車田研一（独立行政法人国立高等専門学校機構）
　　　　　　　　　　　　　　　　「あとづけの理由」と「暗黙知信念」の
　　　　　　　　　　　　　　　　共犯関係の事例
C2.　高萩智也（慶應義塾大学）　なぜヒュームの哲学探究は認知心理学で
　　　　　　　　　　　　　　　　ありうるのか
C3.　清水右郷（京都大学・日本学術振興会）
　　　　　　　　　　　　　　　　研究の自由をどのように正当化できるの
　　　　　　　　　　　　　　　　か
C4.　阿部裕彦（慶應義塾大学）　信念の獲得と探究の継続はいかにして両
　　　　　　　　　　　　　　　　立するか

「コミュニケーションメディアの哲学」

オーガナイザー：呉羽　真（山口大学）
提題者：　　　　稲見昌彦（東京大学）
　　　　　　　　呉羽　真（山口大学）
　　　　　　　　松永伸司（京都大学）
コメンテーター：村上祐子（立教大学）
司会：　　　　　藤川直也（東京大学）

　コロナ禍で進められたソーシャルディスタンシング戦略と新しいコミュニケーションメディアの登場は，コミュニケーション形態に大きな変化をもたらした．コロナ禍では対面コミュニケーションの機会が減少するとともにテレビ会議が急速に普及した．同時に，新しいコミュニケーションメディアとしてVR技術や遠隔操作型ロボットの開発が進められ，また新しい活動空間として「メタバース」に注目が集まっている．これらのメディアはコミュニケーションの可能性を広げるものと捉えられる一方で，対面コミュニケーションの減少が人間関係に及ぼす影響について懸念を抱く人もいる．

　こうした状況を受けて，コミュニケーションという現象をどのように捉え直すかは，哲学にとって喫緊の重要な課題である．哲学はコミュニケーションについて盛んに議論を行ってきたが，そこでは対面コミュニケーションがコミュニケーションの典型と捉えられてきた．こうした議論の想定は，私たちのコミュニケーションのかなりの割合がオンラインメディアを介して非対面で行われている現状にそぐわないものとなってきている．そこで，哲学および他の学問分野の知見を交えた議論を通して，上記のようなコミュニケーションの変化と，オンラインコミュニケーションの特性についての理解を目指し，本シンポジウムを開催した．

　呉羽の提題では，「対面神話を乗り越える——コミュニケーションの再設計に向けて」と題して，「オンラインコミュニケーションは対面コミュニケーションに劣る」という言説——呉羽はこれを「対面神話」と呼ぶ——に批判を加えた．呉羽によれば，対面神話には確固たる科学的証拠がなく，また技術は社会のあり方を決定する，という技術決定論に基づいているという問題がある．コミュニケーションは多様な慣習や規範，制度によって形作られているのであり，従来の偏狭な慣習・規範・制度を見直すことで，オンラ

インおよび対面のコミュニケーションの問題が解決できる見込みがあるという.

松永の提題では,「VR とコミュニケーション：技術と慣習の関係の観点から」と題して,コミュニケーションツールとしての VR 技術の特徴について論じた.松永は,VR を用いたコミュニケーションの特徴の一つはアバターの存在だと指摘し,コミュニケーションにおけるアバターの働きに分析を加えた.また,アバターがコミュニケーションにおいて実際にどう使われているかという観点から,〈コミュニケーション主体の不確定さ〉,〈属性の秘匿可能性〉,〈身体の理想化〉の３つの論点を挙げ,既存の慣習との関係で生じうる問題について考察を加えた.

稲見の提題では,「自在化身体：認識・行動を支援する人間拡張工学と,新たな身体性の構築に向けて」と題して,自身の提唱する「自在化身体」研究の成果を中心に,第三・第四の腕,合体,分身,といった人間拡張工学の多彩な取り組みが紹介された.稲見によれば,これらの取り組みは,情報化社会に身体性を取り戻す「ポスト身体社会」の実現を目指す試みと特徴づけられる.筆者（呉羽）にとって特に印象深かったのは,身体を共有することで生じるコミュニケーションの可能性についての稲見の指摘である.これは〈身体そのものがメディア性をもつ〉という哲学的主張にも通じる卓見だろう.

ディスカッションでは,村上が情報通信技術（ICT）およびオンラインコミュニティについての研究を行ってきた立場からコメントを行った後,フロアとの質疑応答を行った.フロアから出た質問・コメントとしては,対面コミュニケーションには内在的価値があるのではないか,オンラインコミュニケーションを巡る慣習を具体的にどう改めればよいか,オンラインメディア自体がもつ道徳性や政治性をどう考えるか,といったものがあった.

また,開始直前に急遽決まった全面対面からハイブリッドへの開催形態の変更のために,企画中は機器関連の複数のトラブルに見舞われたが[1],その間に提題者間で交わされた議論も印象に残った.こうしたトラブルの可能性は対面コミュニケーションの優位性を示すものと見なせないか,という意見が挙がったが,稲見から,対面開催でも災害による公共交通機関の運休や自家用車の事故といったトラブルは起こりうる,という的を射た指摘が得られた.

企画の反省としては,一部オーディエンスの間で,論点が,対面とオンラインのどちらがよいか,というものに矮小化して捉えられてしまったことが挙げられる.身体性が多様である,という呉羽の指摘した事実に照らせば,

この問いに答えが望めるはずもない．松永や呉羽の論旨から見ても，真の論点は，コミュニケーションを巡って現在生じている問題が，技術と慣習の両面からどのように解決されうるか，という点にあったと言えるだろうが，このことをより強調すべきであった．

　とはいえ，本シンポジウムでの議論は，哲学分野でのコミュニケーションの取り上げ方について再考を促すだけでなく，コロナ禍終息後の大会運営のあり方を考える上でも示唆を与える，有益なものだったと筆者は確信している．

注

1. シンポジウム当日に急遽システム面の運営を担当していただいた次田瞬氏（名古屋大学）には大いに助けられた。この場で改めて謝意を表したい。

（呉羽　真）

第55回大会（2022年）ワークショップ報告

I．「証言の社会的認識論」報告

　人々の間の認識的相互作用を扱う社会的認識論では，近年様々な主題が盛んに論じられるが，（法廷におけるフォーマルな意味でのそれに限らず，日常会話における情報伝達を含むカジュアルな意味での）「証言（testimony）」が人々間の情報の伝播において，最も重要な手段であることは疑いえない．本ワークショップでは，松本将平，飯塚舜，野上志学の3人の提題者が，この証言の認識論についてそれぞれの方向からアプローチすることを試みた．

　証言の認識論における重要な課題の一つは，話し手の証言を信じることが聞き手にとって正当化されるための条件の明確化である．一般に「反還元主義」と呼ばれる立場は，聞き手は話し手の証言に関してデフォルトの正当化を持つとする．すなわち，たとえ聞き手が話し手の信頼性や証言内容の真偽に関する独立の証拠を持たずとも，聞き手はその証言を信じることに関して正当化されているとする．松本の提題「Mona Simion による強い反還元主義擁護の懸念点について—会話的推意の否認可能性の観点から」は，近年 Mona Simion によって提示された，主張に関する認識的規範が社会的規範であるということに訴える反還元主義擁護の議論に注目し，主張として文字通りの内容を直接的に述べる場合を念頭に置くと Simion の論証はもっともらしいものの，会話的推意のような間接的発話のケースに注目することで Simion が疑わしい前提に依拠していることが明らかになると指摘した．ポイントは，会話的推意の場合には，自らが何を伝えようとしたのかに関してしばしばもっともらしい否認が可能であり，それによって知識規範に違反したこと自体を否認することができてしまうように見える，ということである．本発表後の質疑応答に際しては，とりわけ，直接的主張も会話的推意も一枚岩ではなく，様々な種類の規範がありそれに応じて異なった種類の責任が生じていると考えるべきではないかという問題が議論された．また，話し手自身の実際の信頼性や伝えられる情報の重要性といった要因が Simion の議論とどのように関連しうるかについても意見交換が行われた．

　飯塚の提題「証言による正当化が妨げられるとき—幼児反論・阻却事由・選択的信頼」は，阻却事由をめぐる認識論上の近年の議論と，発達心理学における選択的信頼研究を手がかりとして，幼児反論が証言に基づく正当化に関する還元主義／反還元主義論争に対してもつ含意を明らかにすることを目的とする．幼児反論は本来，証言に基づく正当化の条件として聞き手が肯定

的理由を持つことを要求する還元主義に対して，理由を考慮する能力がないと考えられる幼児を一律に排除してしまうと論じる．他方で，否定的理由，すなわち阻却事由の考慮を求める反還元主義も同様の困難に直面することがJennifer Lackeyにより指摘されている．そこで飯塚提題では，心理的／規範的阻却事由のうち検討すべきカテゴリーを後者に限定した上で，発達心理学の選択的信頼研究を参照し，実際に幼児が肯定的理由と掘り崩し型／論駁型阻却事由のそれぞれを考慮する能力をもつのかを検討した．その結果として，いくつかの留保を伴いながらも，既存の研究は発達の時期に差はあるものの概ね4歳以上の幼児は肯定的／否定的理由の双方を考慮していることを示唆しており，幼児の存在に訴えることは還元主義／反還元主義の優劣に大きな違いをもたらさないと結論づけられた．

　松本と飯塚の提題では，一人の主体の証言によって一人の主体が知識ないし正当化された信念を獲得するという一対一の証言の認識論が扱われていた一方で，野上の提題「多数の証言と「常識」のベイズ認識論」では，多対一の証言，すなわち，数多くの（内容において）一致した証言によって，知識ないし正当化された信念が生じる可能性について議論された．どのような場合にこのような知識ないし正当化された信念の生成が可能であるかどうかは，単純なものからやや複雑なものまでいくつかの因果モデルを作ることによって，Bayes認識論の枠組みで分析できる．そして，因果モデルにおいて定式化できる証言の独立性の成否によって，多数の証言によって信念が正当化されるか否かが決まることが明らかにされた．このように，多対一の証言による知識の生成は，多数の一致した証言の因果的生成過程に依存する．質疑応答では，（少なくとも因果モデルを用いるアプローチにおいてはもっともらしく思える）多対一の証言論における還元主義が一対一の証言論における還元主義を（副産物として）示唆するかどうかをめぐって議論が交わされた．

　証言に関する認識論というジャンルの巨大さに鑑みれば，本ワークショップにおいて扱われた話題はそのごく一部にすぎないが，（狭義の）哲学的議論から経験的証拠に基づいた議論やフォーマルなモデル構築による議論といったアプローチまで，この分野における方法論の多様性を示すことができたのではないかと考える．

（野上志学）

Ⅱ. 「論理とリーズニングにおける「不一致」ワークショップ」報告

「不一致 (disagreement)」の研究が様々な領域で行われている．意見の不一致を克服するため，そもそも不一致とは何であるのか，その理解を目指す研究も多い．「不一致」の哲学は近年になって盛んになったと言える．例えば，*Stanford Encyclopedia of Philosophy* には最近 (2018年) になって，認識論における Disagreement の項目が新たに追加された (https://plato.stanford.edu/entries/disagreement/)．数学における「不一致」，論理とリーズニングにおける「不一致」についての議論も盛んになりつつある．本ワークショップは，特に論理とリーズニングにおける「不一致」をめぐる問題を整理し，研究のための新しい方法論の検討を深めることを目的として企画された．

意見の不一致が成立するためには，その不一致を成立させる議論の基盤についての何らかの「一致」が要請される．論理と推論はこの基盤の一部をなすと考える場合が多いであろう．科学的論争，政治的論争，哲学的論争なども，論理・推論レベルでの一致が論争を可能にしていると考えられる．一方で，論理・推論レベルの不一致が問題になるとき，何が不一致を成立させる議論の基盤となっているのだろうか．例えば，二重否定除去の推論や排中律の妥当性について意見が対立するとき，その論争は何を前提とし，何について争っているのか．Quine のよく知られた見解によれば，論理についての不一致とは，「言葉上の争い (verbal dispute)」に過ぎない．論理的不一致 (logical disagreement) はそもそも可能か，可能であるとしたらどのようにして可能なのか．論理的不一致が成立するとしたとき，不一致の克服という課題はどんなものになるのか．こうした問題は，科学における不一致との比較や論理的多元論の文脈，また言語哲学における文脈主義と相対主義の対立など，20世紀の哲学の中で様々な形で議論されてきた．これらの論理とリーズニングにおける「不一致」をめぐる問題群を現代的観点から捉え直すことが，本ワークショップの狙いの一つである．

まず，峯島が以上の「不一致」研究の近年の動向，特に論理的不一致の問題を中心に，本ワークショップの背景と目的を説明した．岡田は，峯島による論理的不一致についての伝統的議論の背景の一つとして取り上げられたTimothy Williamson らの議論に対して考察を加えた．Williamson らの議論によれば，否定や含意のような古典主義論理結合子と直観主義論理結合子とを（古典論理と直観主義論理の）単純な和言語上で使用すると，それらの論理結合子は同値となって相違がなくなり，よって Quine の意味での「言葉上の争い」さえも成立しないことになる．岡田はこの先行研究の議論に対して，

推論の「結論環境」の顕在化を通じて，和言語上でも古典主義者と直観主義者の否定や含意結合子の相違が表現できること，同時に，両主義者の否定や含意とは異なる新たな否定や含意の概念形成が可能になることについて考察を与えた．

次に細川は「トゥールミン図式のハイブリッド多領域様相論理による論理学的形式化」と題して，日常的な議論における不一致の見えない要因の分析手法の手がかりを，*The Uses of Argument* におけるトゥールミンの「推論保証 (Warrant)」の概念を通じて考察し，様相論理を用いた形式化を与えた．具体的には，ゲティア推論を例として，トゥールミン図式を構成する要素 DWC (Data, Warrant, Conclusion)，及び，Qualifier の概念を導入した上で，"Unless"（〜でなければ）が表す反駁 (rebutting)，阻却 (defeating) の条件を「〜という情報が与えられるまでは」という時間的な情報概念によって捉え直すというアイディアを提示し，ハイブリッド論理における (Weak) Until 演算子を使った形式化を与えた．この論理学的な形式化によって，議論の不一致の源泉を細かく分析することが可能となり，特に日常の場面では明示化することが難しい推論保証レベルでの潜在的な不一致について独自の考察が加えられた．

続いて西村は，「議論の研究から見た「不同意」」と題して，法哲学と形式的な議論研究の観点から報告を行った．特に，人工知能研究の分野で有名な Dung による議論意味論 (Argumentation Semantics) のエッセンスを紹介した後，Dung の宣言的モデルにおいて不同意がどのように解消されるのか，形式的な概念整理に基づく考察がなされた．Dung の議論意味論は，非単調論理の一種であるという点で，細川が着目したトゥールミン図式（及びハイブリッド様相論理におけるその形式化）と共通点をもつ．形式化により議論に潜在する「不一致」の複数の要因を取り出すことで，意見の不一致の多様な源泉，「説得」という概念の多様性，さらには，議論の帰結を撤回し，不一致が解消される仕方の多様性が明らかになるという点が興味深い．

以上の発表とその後の討論を通して，論理とリーズニングにおける不一致の問題の一側面を紹介し，現在の取り組みを共有することができたのではないかと考える．また，ワークショップの対面開催が再び可能になったことにより，発表後の休憩時間での雑談を含めて，議論と情報交換の機会が増えたと実感したことを追記しておきたい．

（岡田光弘・峯島宏次）

投　稿　規　程

1．テーマ

科学哲学および関連諸領域に関するもの．但し，関連諸領域の専門的な内容を扱うものに関しては，専門分野以外の会員も原稿の主旨が理解できて，関心を抱きうるようなもの．

2．投稿資格

(1) 当年度までの会費を納入済みの日本科学哲学会会員に限ります．

(2) 同一著者が同時に2篇以上を投稿したり，投稿中の原稿の審査結果が出る前に別の投稿をすることは認めません．

　　ただし，単著論文と（他の会員との）共著論文は投稿可能とし，また，共著論文については，共著者（会員に限る）が異なる場合は複数の論文を投稿可能です．

(3) 原稿はすべての部分が未公刊のものに限ります．他誌（外国語誌を含む）に投稿中のもの，掲載予定のものも投稿することはできません．また，本誌掲載後（投稿中も含む）は他誌への投稿を禁じます．

　　※非会員との共著原稿の場合は，共著者のなかの会員は上記の投稿資格を満たすようにしてください．

3．原稿の種類

(1)「論文」

　　(1-1)「自由応募論文」：会員が自らテーマを自由に設定した通常の論文．

　　(1-2)「サーヴェイ論文」：特定分野での現在の研究状況・研究課題を紹介し，会員への情報提供に資することを狙いとする論文．但し，編集委員会の判断で，著者の了解を得た上で「自由応募論文」として投稿されたものの中から採用することもあります．

(2)「研究ノート」：オリジナルな着想について，なお細部の詰めは残っているとしても討論に付して，会員からのコメントを求める論文．

(3)「討論」：本誌に掲載された論文（書評等を含む）についてのディスカッション．

(4)「提言」：研究，教育，学会活動に関する意見，提案．

4．使用言語

「論文」「研究ノート」「討論」「提題」は日本語もしくは英語とします．

5．原稿の書式

(1) ブラインド・レフェリー制を徹底するため，原稿の著者を特定しうる表現（例えば，「拙著」，「拙論」）は使用しないでください．

(2) 著者氏名や所属については，投稿用調書にのみ記述し，原稿には一切記述しないでください．また表紙を添付する必要はありません．

(3) 注は，本文末に一括してください．

(4) 書誌情報は注に記さずに，注の後に文献表を設けてまとめて記してください．

(5)「論文」冒頭には，論文タイトル（日本語論文の場合には英語のタイトルも）および英語100語程度の「アブストラクト」を記してください．

(6) 投稿時の1行の字数，1ページの行数は自由ですが，読みやすい形式としてください．但し，原稿作成にTeX形式を使用する場合は，必ず本学会ウェブサイトに掲載されているテンプレート（日本語・English）を用いて原稿を作成して下さい．

(7) 文字サイズは，題名や注を含め，すべて10.5ポイントとします．さらに英語原稿の場合は，フォントはcenturyかtimes（それがない場合は，類似のフォント）としてください．

6．原稿の分量

(1)「論文」の長さは，原則として和文の場合2万字以内（ただしアルファベット等の半角文字

は0.5字と換算してよい），英文の場合は8,000語以内とします．いずれの場合も，必ず字数ないし語数を論文の末尾に付記してください．この字数には，題名，アブストラクト，数式，表，注，文献表など一切を含めて下さい．初回投稿時に制限字数を超えたものは審査対象としません．

なお，字数・語数のカウントが難しい場合は，1行34字×35行（本学会ウェブサイトに掲載されているテンプレートはこの形式になっています）の書式で20ページ以内に収められた原稿を提出することでも字数制限を満たしたものとみなします．この場合，原稿が指定の書式に従っていることを必ず末尾に付記して下さい．

(2)「研究ノート」「提言」は和文5,000字，英文2,000語以内，あるいは指定の書式で5ページ以内，「討論」は和文3,000字，英文1,200語以内，あるいは指定の書式で3ページ以内とします．その他の点については「論文」と同様です．

7．提出様式

(1) 投稿の際には，次の (a)(b) を事務局に提出してください．両方が揃ったときに，正式な投稿として受け付けます．

　(a) Wordテンプレート（日本語・English）ないしTeXテンプレート（日本語・English）で作成した原稿をPDF形式に変換し，PDFファイルのみをメールで送付（マイクロソフトワード形式の場合はワードファイルの送付でも可）．

　(b) 本学会ウェブサイトに掲載されている「投稿用調書」に所定事項を記入してメールで送付，あるいは1部を郵送．

(2) いただいた投稿原稿に文字化けやフォーマットのくずれの恐れがある場合には，論文本体をプリントアウトしたものを送付願うことがあります．該当する場合は事務局より連絡いたします．

8．投稿受付

随時，投稿を受け付けます．

9．投稿先

メールの場合：日本科学哲学会事務局 philsci@pssj.info 宛．件名を「『科学哲学』投稿」としてください．

郵送の場合：当年度の「日本科学哲学会事務局」宛．表に「『科学哲学』投稿」と朱書してください．

10．審査

掲載の可否は，学会誌編集委員会がブラインド・レフェリー制により判定します．原稿によって審査の進行状況が異なりますので，審査結果の通知は随時行います．ブラインド・レフェリーによる審査は，投稿された「論文」，「研究ノート」，「討論」，「提言」について行います．編集委員会の審議を経て本学会より執筆を依頼した原稿（招待論文，書評，その他）については，原則としてブラインド・レフェリーによる審査は行いませんが，編集委員会より修正等の提案のコメントをつけることがあります．ただし，以下の場合には，依頼原稿でも，投稿された「論文」と同様のブラインド・レフェリー制による審査が行われます．．

(1) 依頼した書評が，「論文」として扱うのが適切な内容となった場合．

(2) 依頼した招待論文の著者が，「論文」としての審査を希望した場合．

11．掲載決定原稿

掲載が決定した原稿については，次の (a)，(b) を事務局に提出してください．

　(a) 原稿のワープロ用ファイルと確認用PDFファイルをメールで送付．

　(b) 本学会HPに掲載されている「著作権に関する承諾書」に所定事項を記入・捺印して1部を郵送するか，またはPDFファイルにしてメールで送付．

12. 校正

編集委員会による審査を経ていますので，校正時に大幅な修正は認められません．字句の訂正など，軽微なものにとどめてください．校正は2校までとします．

13. 原稿料と抜刷

原稿料は差し上げません．抜刷は30部無料，31部以上は有料（10部につき1,000円）です．抜刷を31部以上希望する場合は，校正刷返却時に印刷会社へお申し込みください．

14. 提出物の返却

掲載の可否にかかわらず，応募原稿やメディアは返却しません．

15. 著作権規程

『科学哲学』に掲載された論文の著作権については「日本科学哲学会 著作権規程」（平成20年10月18日制定）にそって処理されますので，そちらも投稿の際にご参照ください．

これは投稿規定には当たりませんが，ご投稿いただいた後，即日の返信等はできかねます．ご投稿から10日経っても当会事務局からの返信メールが届かない場合は，メール送受信のトラブルの可能性もありますので，恐れ入りますが当会事務局メールアドレスphilsci(AT)pssj(DOT)infoまでお問い合わせください．

日本科学哲学会会則（現行）

1997年11月15日改正
1998年 4 月 1 日施行
2010年11月27日改正
2011年 4 月 1 日施行
2016年11月19日改正
2016年11月19日施行

第 1 条　本会は日本科学哲学会（欧文名 Philosophy of Science Society, Japan）と称する.

第 2 条　本会は科学哲学および関連諸領域に関する研究の推進と交流を目的とする.

　　　　その目的を達成するため，次の事業を行う.

　　　　1　年次大会および研究会の開催.

　　　　2　機関誌の発行.

　　　　3　その他目的達成に必要な事業.

第 3 条　本会の会員は正会員，準会員，賛助会員，名誉会員とする. 入会，退会，身分の変更に関
しては理事会の承認を必要とする.

　　　　1　正会員は四年制大学卒業もしくはそれと同等の資格ありと理事会が認定した者とす
る.

　　　　2　準会員は前項（第3条1）に該当しない個人とする.

　　　　3　賛助会員は本会の趣旨に賛同する個人もしくは団体とする.

　　　　4　正会員のみが，評議員および役員の選挙権および被選挙権を有する.

　　　　5　以下の三項のいずれかに該当する70歳以上の正会員は名誉会員となることができ
る.

　　　　　　但し，以下のいずれかに該当する者でも，本人の希望があれば正会員の身分にと
どまることができる.

　　　　　　(1) 会長を務めた者

　　　　　　(2) 理事を 4 期12年以上務めた者

　　　　　　(3) 本会に対して特段の功績があると理事会が認定した者

　　　　　　名誉会員には，以下の条項が適用される.

　　　　　　(1) 名誉会員は，学会費を免除される.

　　　　　　(2) 名誉会員は，選挙権および被選挙権を有しない.

　　　　　　(3) 名誉会員は，機関誌に論文を投稿すること，並びに年次大会において研究
発表を行うことができる.

　　　　　　(4) 名誉会員には，機関誌，プログラム等が配布される.

第 4 条　本会は毎年一回定例総会を開催する. ただし，必要がある場合には臨時総会を開くことが
できる. 総会の召集は理事会の決定により会長がこれを行う. 定例総会においては，年間
事業報告，および会計報告が行われなければならない.

第 5 条　本会に評議員会をおく. 評議員会は会長が召集し，本会の重要事項を審議し，その活動を
助成する.

　　　　1　評議員は会員の選挙によって40名を選出し，その任期は 3 年（4月1日から 3 年後
の 3 月31日まで）とする.

　　　　2　任期開始時に満70歳以上となる者は，評議員選挙における被選挙権をもたない.

　　　　3　評議員会は毎年一回これを開催する. その他必要に応じて開催することができる.

第 6 条　本会に下記の役員をおく. 役員は，会長，理事，監事とし，その任期は 3 年（4月1日か
ら 3 年後の 3 月31日まで）とする. 再選を妨げないが，会長および監事は通算 2 期まで

とする．任期開始時に満70歳以上となる者は，役員選挙における被選挙権をもたない．

1　会長　1名　会長は本会を代表し，会務を統率する．会長は理事の互選によって選出される．会長においてその職務の執行に支障あるときは会長代行をおくことができる．会長代行は理事の中から選出され，かつ，理事会の承認を得るものとする．また，会長代行の任期は会長の任期を越えないものとする．

2　理事　18名　理事は会長を補佐し，本会の運営に当たる．理事は評議員の互選によって選出される．会長はこのほかに事務局担当理事，および総務担当理事各1名を追加指名することができる．

3　監事　2名　監事は本会の会計を監査し，その結果を総会において報告する．監事は評議員の互選によって選出される．

第7条　役員はすべて無給とする．会務の遂行を助けるため，幹事，または有給の事務職員をおくことができる．

第8条　顧問として学識経験者若干名を理事会の推薦によって，会長がこれを委嘱することができる．

第9条　本会に下記の委員会をおく．

1　学会誌編集委員会

2　年次大会実行委員会

3　その他，必要に応じて，企画委員会など各種委員会をおくことができる．

4　各委員会委員および委員長は理事会の議を経て，会長がこれを任命する．

第10条　本会会費は年額　正会員6,000円，準会員3,000円，賛助会員は一口10,000円以上とする．

第11条　会費未納2年におよぶ者は，選挙権および被選挙権をもたない．

第12条　会費未納5年以上の会員はこれを除名することができる．

第13条　本会に事務局をおく．その担当期間は原則として3年とする．

第14条　本会の会計年度は，毎年4月1日から翌年3月31日までとする．

第15条　この会則の改正は，理事会の発議にもとづき，評議員会および総会の議を経て，これを行う．

付則1　評議員選挙規程

1　選挙は会員の郵送による無記名投票をもって行う．

2　投票は学会事務局より送付する投票用紙によって行う．

3　40名以内連記とする．40名をこえて記入したものは無効とする．

4　開票は，会長から委嘱された会員（評議員を除く）若干名の立会いの下に事務局において行う．

5　最下位当選者が複数となり，評議員当選者が40名をこえる場合には，女性と若年者をこの順で優先する．

付則2　理事選挙規程

1　選挙は評議員選挙当選者の互選とし，郵送による無記名投票をもって行う．

2　投票は評議員選挙後に，学会事務局より送付する投票用紙によって行う．

3　18名以内連記とする．18名をこえて記入したものは無効とする．

4　開票は，会長から委嘱された会員（評議員を除く）若干名の立会いの下に事務局において行う．

5　最下位当選者が複数となり，理事当選者が18名をこえる場合には，女性と若年者をこの順で優先する．

付則3　監事選挙規程

1 選挙は評議員選挙当選者の互選とし，郵送による無記名投票をもって行う．ただし，理事は監事を兼ねることはできない．
2 投票は理事選挙後に，学会事務局より送付する投票用紙によって行う．
3 2名以内連記とする．2名をこえて記入したものは無効とする．
4 開票は，会長から委嘱された会員（評議員を除く）若干名の立会いの下に事務局において行う．
5 最下位当選者が複数となり 監事当選者が 2 名をこえる場合には 女性と若年者をこの順で優先する．

付則 4 会長選挙規程
1 選挙は理事選挙当選者の互選とし，郵送による無記名投票をもって行う．
2 投票は理事選挙後に，学会事務局より送付する投票用紙によって行う．
3 1名記入とする．1名をこえて記入したものは無効とする．
4 開票は，会長から委嘱された会員（評議員を除く）若干名の立会いの下に事務局において行う．
5 当選者が複数となった場合には，女性と若年者をこの順で優先する．

日本科学哲学会研究倫理規程

2010年11月28日制定
2010年11月29日施行

目的
第1条 本規程は，日本科学哲学会（以下，「本学会」という）会員の研究方法と成果公表等に関わる遵守事項を定め，学会としての研究倫理上の社会的責任を果たすことを目的とする．科学哲学研究・教育の健全な発展のために，本学会は，「日本科学哲学会研究倫理規程」を制定するとともに，全会員に対して，知的不正行為の防止の必要性を強く訴えるものである．

会員の遵守事項
第2条 会員は，研究の自由を前提に，以下の事項を遵守しなければならない．
1．本学会の運営にあたって，会員は，常に公正を維持しなければならない．とりわけ，本学会へ投稿される論文，本学会での発表の希望，および石本基金諸事業への応募に関して，その審査にあたる会員は，公正を保った審査を行わなければならない．
2．会員は，研究成果の発表に際して，著作権を侵害する行為，とりわけ，剽窃・盗用を行ってはならない．同じく，名誉の毀損など，人権侵害を行ってはならない．
3．その他，本学会諸規程に違反してはならない．

調査委員会の設置
第3条 会員は，第2条に挙げられた事項に対する侵害（以下，「不正行為」という）と思われる行為に関して，本学会事務局に訴えることができる．
第4条 不正行為の訴えがなされた場合，事務局はそのことを速やかに理事会に報告し，理事会は，第1条の目的を達成するために，調査委員会を設置して調査を行うこととする．
第5条 調査委員会は，理事会において指名された若干名の委員をもって構成する．

調査委員会の役割

第6条　調査委員会は，必要があれば訴えを受けた会員からの弁明の聴取も含めて，公正な調査を行い，設置から3ヶ月以内に，不正行為の有無に関する報告書を理事会あてに提出するものとする．

第7条　調査委員会委員は，調査事項について守秘義務を負う．

処遇の決定

第8条　調査委員会の報告を受けて，理事会は，訴えを受けた会員に関する処遇を決定する．不正行為が認定された場合の処遇は，(1) 不正が軽微であるために不処分，(2) 役員・評議員・各種委員の資格停止，(3) 学会誌への投稿，学会発表申し込み，および育志基金諸事業への応募禁止，(4) 会員の資格停止，(5) 除名，のいずれかとする．ただし，(2) と (3) は重複することができる．

第9条　処遇の決定は，理事会において，次の手順で行う．

　1．初めに，(1) の不処分とするのか，それとも (2) 〜 (5) のいずれかの処分を行うのかを，審議，決定する．その際，処分を行うという決定のためには，出席理事の3分の2以上の賛成を必要とする．

　2．前項の審議において，処分を行うと決定された場合には，次に，(2) 〜 (5) のうちのいずれの処分を行うのかを，審議，決定する．その際，(5) 除名の決定のためには，出席理事の3分の2以上の賛成を必要とする．

第10条　不正行為が認定され，処分を受けた会員は，理事会の決定に不服がある場合，処分の通知を受けた日から1ヶ月以内に，異議申し立てを行うことができる．異議申し立てがあった場合には，理事会は速やかに再調査を行うものとする．

第11条　調査の結果，不正行為の事実が存在せず，訴えが悪意によるものであると判明した場合には，理事会は，訴えを起こした会員に対して，第8条に準じた処遇を行う．

第12条　不正行為が認定され，処分を受けた会員が所属する研究機関等から要請があった場合には，理事会は，異議申し立て期間の終了後に，当該機関等に対して，不正行為に関する報告書を交付することができる．

改正・廃止の手続き

第13条　本規程の改正・廃止は，理事会において原案を決定し，評議員会および総会の議を経て，これを行う．

◆日本科学哲学会に関するお問い合わせは下記にお願い致します．

〒108-0023　東京都港区芝浦2-14-13 MCK芝浦ビル 2F 笹氣出版印刷株式会社内 日本科学哲学会事務局

日　本　科　学　哲　学　会

振　替　　00170-2-55326

e-mail: philsci@pssj.info

URL: http://pssj.info/

編集後記▶おかげさまで現在非常にたくさんの投稿をいただいています．学会としては喜ばしいことなのですが，あらゆる局面でもともと小さかったキャパシティを超えてしまい，結果，掲載が決定したものの後の号へと回っていただいたり，査読に入るのに時間がかかったりするケースが出じています．申しわけありません．後者のケースが生じる原因はシステマティックなもので，投稿が集中する人気のテーマや分野の論文に関して，査読候補者が「出払う」ことが生じるからです．もちろん投稿論文が一つのテーマや分野に集中してほしくないという含みはありません．逆に，ユニークで独創的なご研究の成果に関しては，つねに，お引き受けくださる査読者を見つけるのに手間取ります．どのみち簡単ではないのです．次の二点を強調したいと思います．第一に，論文は一つ一つが非常に異なる工程を経て審査されていきます．投稿者も含めたいわば職人的な手作りの作業です．規格化された工業製品の場合にも注文が殺到すれば生産ラインは止まりますが，論文を掲載にまで持っていく作業は，それよりはるかに量に対して脆弱です．第二に，最初にも示唆したキャパシティのもともとの小ささです．十数名の専属スタッフが二十四時間体制でみなさまの投稿をお待ちしている光景を想像する方はさすがにいらっしゃらないと思いますが，実際の人的規模は，おそらく想像されるよりもさらに小さなものです．提供できる「サービス」も限られています（ここまでの比喩にもかかわらずわれわれはカスタマーと従業員の関係にはないからです）．予算のキャパシティについては，近年の決算報告をご覧ください．本学会は，今年度から事務業務の大部分を外部委託しています．業務の移行は，長い準備を要しましたが，現在も進行中です．編集業務もその例外ではありません．いや，むしろ今後に，チャレンジングな課題が山積しています．十数名の専属スタッフが就くようになったことはありませんが，とはいえこれを機に，より脆弱でない体制へと移行していければと模索している最中です．

（柏端達也）

科学哲学　2023 年度　56 巻　1 号　　　　ISSN　0289-3428
2023 年 11 月 15 日　第 1 刷発行

編　集　日　本　科　学　哲　学　会
発　行　〒108-0023　東京都港区芝浦2-14-13 MCK芝浦ビル
　　　　2F 笹氣出版印刷株式会社内 日本科学哲学会事務局
印　刷　株　式　会　社　文　成　印　刷
　　　　〒168-0062　東　京　都　杉　並　区　方　南 1-4-1
発　売　（　株　）　駿　河　台　出　版　社
　　　　〒101-0062　東京都千代田区神田駿河台3-7